중고생을 위한

성경적 성교육

학생용

중고생을 위한 성경적 성교육(학생용)

지은이 | 이진아
초판 발행 | 2025. 01. 15
등록번호 | 제 1988-000080호
등록된 곳 | 서울특별시 용산구 서빙고로65길 38
발행처 | 사단법인 두란노서원
영업부 | 2078-3333 FAX | 080-749-3705
출판부 | 2078-3331

책 값은 뒤표지에 있습니다.
ISBN 978-89-531-5013-3 03230

독자의 의견을 기다립니다.
tpress@duranno.com http://www.duranno.com

두란노서원은 바울 사도가 3차 전도여행 때 에베소에서 성령 받은 제자들을 따로 세워 하나님의 말씀으로 양육하던 장소입니다. 사도행전 19장 8-20절의 정신에 따라 첫째 목회자를 돕는 사역과 평신도를 훈련시키는 사역, 둘째 세계선교(TIM)와 문서선교(단행본·잡지) 사역, 셋째 예수문화 및 경배와 찬양 사역, 그리고 가정·상담 사역 등을 감당하고 있습니다. 1980년 12월 22일에 창립된 두란노서원은 주님 오실 때까지 이 사역들을 계속할 것입니다.

중고생을 위한

성경적 성교육

학생용

PURITY

두란노

Contents

1
중고생을 위한 성교육 6주 과정

2

Purity

Biblical Sex Education for Grades 6-12
A 6-Week Guide

프롤로그

하나님이 준비하신
진짜 다이아몬드를 찾는 여정

'중고등생을 위한 성경적 성교육'(PURITY)을 시작하는 모든 학생을 환영하고 축복합니다. 여러분은 6주 동안 성경의 기본 진리와 아름다운 가정을 준비하는 성경적 성교육을 배울 것입니다. 이를 통해 다섯 가지 중요한 성교육 원리를 깨달을 수 있습니다.

첫째, 하나님은 "생육하고 번성하라"고 명령하셨습니다. 성경은 하나님이 왜 남자와 여자를 다르게 만드셨는지 그 목적을 정확히 알려 줍니다. 남자와 여자를 분리하기 위해서가 아니라 그들을 연합시키기 위해서입니다. 말씀에서 말하는 성(性)은 부부의 하나 됨, 생명의 소중함, 아름다운 가정과 교회, 다음 세대에게 신앙의 전수를 통한 하나님 나라의 확장, 그리고 하나님의 창조의 신비까지 포함합니다. 우리는 하나님뿐만 아니라 다른 사람과도 소통하고 관계를 갈망하도록 지어졌습니다. 특히 예수님을 믿음으로 하나님과 하나 되고, 부부가 서로 하나 됨을 경험하며 사는 사람들은 세상에서 가장 행복하다고 할 수 있습니다.

둘째, 생명을 만드시는 과정을 통해 하나님의 위대하심을 볼 수 있습니다.

> 주께서 내 내장을 지으시며 나의 모태에서 나를 만드셨나이다 내가 주께 감사하옴은 나를 지으심이 심히 기묘하심이라 주께서 하시는 일이 기이함을 내 영혼이 잘 아나이다 내가 은밀한 데서 지음을 받고 땅의 깊은 곳에서 기이하게 지음을 받은 때에 나의 형체가 주의 앞에 숨겨지지 못하였나이다 내 형질이 이루어지기 전에 주의 눈이 보셨으며 나를 위하여 정한 날이 하루도 되기 전에 주의 책에 다 기록이 되었나이다 | 시 139:13-16 |

하나님은 우리가 태아 시절부터 특별한 관심을 가지고 보신다는 사실을 말씀을 통해 알 수 있습니다. 그런데도 우리는 태아를 하나님이 주신 고귀한 생명체로 생각하지 못할 때가 많습니다. 아직 눈에 보이지도 않을뿐더러, 몸 안에 있기에 내 소유라고 생각하는 것입니다. 하나의 인격체가 아니라 몸속 기관에 생긴 작은 혹 정도로 생각하기도 합니다. 그러나 생명은 엄마 배 속에서 나오면서부터가 아니라 정자와 난자가 수정되어 잉태한 순간부터입니다. 수정 이후 태아에게 더해지는 것이 아무것도 없습니다. 태아는 수정 때부터 세상으로 나오는 시기까지 발달과정을 거치는 것뿐입니다. 그러므로 태아는 완전히 발달

된 상태는 아니지만 여전히 완전한 인간입니다.

셋째, 믿음의 남자, 현숙한 여자가 되기 위해 훈련합니다. 성경은 믿음의 남자가 현숙한 여자를 만나게 된다고 말씀합니다(잠 31:10-11). 희생할 줄 아는 남편, 말씀으로 가정을 세우는 남편, 아내를 사랑하고 가정의 머리로 세워지는 남편, 성숙한 아내, 지혜로운 아내, 하나님을 경외하는 아내는 저절로 만들어지지 않습니다. 현숙한 여자와 믿음의 남자로 자라나게 하기 위해서는 훈련이 필요합니다. 우리는 모두 죄의 본성을 가지고 태어났기 때문에 선과 악의 선택이 있을 때 악을 선택하고 싶어 하는 경향이 있습니다. 난잡한 성관계, 내 몸을 만족시키는 성, 짜릿한 성 등 왜곡된 성에 눈과 마음이 갑니다. 따라서 우리에게는 훈련이 필요합니다. 거룩함의 훈련, 마음의 훈련, 말씀의 훈련, 정직함의 훈련, 언어의 훈련, 하나님의 나라를 먼저 구하는 훈련, 진정한 내면의 아름다움을 가꾸는 훈련, 겸손의 훈련, 하나님을 섬기는 훈련 등을 해야 합니다. 이를 통해 멋진 믿음의 남자와 아름답고 현숙한 여자로 성장해 갈 것입니다.

넷째, 행복한 결혼을 위하여 데이트는 아주 신중히 해야 합니다. 하나님을 기쁘시게 하는 데이트는 서로를 위해 희생하고 이해하며 배려하는 것입니다. 데이트를 통해 신앙이 더 성숙하고 더 나은 사람이 되어야 합니다. 내 몸이 하나님의 성전인 것을 믿고 순결하게 지키는 절제된 데이트를 해야 합니다.

마지막으로 하나님은 자녀들에게 거룩하며 순결하라고 명

령하십니다. 구원받은 하나님의 자녀답게 살기를 원하십니다. 하나님의 자녀가 거룩을 잃어버릴 때 영적 권위가 없어지는 것을 사탄은 너무 잘 압니다. 반대로 순결한 삶으로 거룩을 추구하며 사는 하나님의 자녀는 사탄이 두려워할 수밖에 없습니다.

하나님은 남자와 여자를 창조하셨을 때 결혼이라는 테두리 안에서 둘만이 누릴 수 있는 성의 즐거움도 함께 창조하셨습니다. 하나님은 우리가 일시적인 쾌락이 아니라 결혼 제도 안에서 평생 만족과 기쁨을 얻는 멋진 성을 경험하기를 원하셨습니다. 한 남자와 한 여자가 온전하게 순결을 지켰을 때만 최고의 만족을 누릴 수 있습니다.

6주간의 성경적 성교육 과정과 순결 서약식을 통해 하나님이 준비하신 진짜 다이아몬드를 찾는 여정이 되기를 소망합니다. 그리하여 훗날 믿음의 가정을 이루며 하나님께 영광 돌리는 삶을 사는 다음 세대가 되기를 축복합니다.

2025년 1월

이진아 전도사

저자는 십 대의 성적 순결을 위해 헌신한 사역자이다. 그는 이 책에서 하나님이 만드신 성의 아름다움, 그리고 적절한 때와 경계를 넘어선 잘못된 성관계의 위험을 알려 준다. 이 책은 순결의 필요성과 유익, 거룩의 아름다움과 즐거움, 그리고 거룩이 제공하는 안전과 복된 미래를 제시한다. 이 책은 단순히 저자의 머리에서 나온 이론서가 아니다. 저자가 수많은 청소년에게 성경적 성교육과 순결 교육을 실시해 온 과정에서 태어난 탁월한 작품이다. 이 책은 가정과 교회학교에서 부모와 십 대 자녀가 함께 공부하도록 준비된 교재이다. 이 땅의 모든 십 대들의 밝은 미래를 위해 사용되는 보석 같은 교재로 자리잡기를 바란다.

강준민 목사 | 새생명비전교회 담임목사

오늘날 '십 대 자녀 성교육'은 그리스도인 부모에게 초미의 관심사입니다. 우리 아이들은 갈수록 강력해지는 비성경적 문화에 노출되어 있기 때문입니다. 부정할 수 없는 현실입니다. 미디어가 아이들에게 심어 주는 잘못된 성 가치관은 매우 강력합니다. 이미 젊은이들 사이에 혼전 순결은 비웃음거리가 되었습니다. 동성애는 인권으로 포장되고 있습니다. 아이들을 향한 첨예한 영적 전쟁이 현실로 다가왔습니다. 교회는 더이상 성교육을 뒤로 미뤄둘 수 없습니다.

그래서 지난 2년간 수영로교회는 '십 대를 위한 성경적 성교육'을 'PURITY 가족캠프'로 진행했습니다. 수많은 가정이 변화되었습니다. 기능적 성교육이 아닌, 가족과 함께 정체성을 회복하는 시간이었기 때문입니다. 강의와 함께 진행되는 활동과 체험은 보고 듣고 느끼는, 살아 있는 교육이었습니다. 특별히 가족이 함께 초음파 사진을 보고 대화하는 시간에는 막혔던 관계의 통로가 열렸습니다. 부모도 자녀도 신선한 충격과 도전을 받았습니다.

'모든 교회에 필요하다!' 2년간 사역을 진행하면서 얻은 결론입니다. 변화는 일어납니다. 우리 자녀들은 순결한 세대로 성장할 수 있습니다. 이제 반격의 시간입니다. 이 책을 통해 성경적 가치관을 자녀들의 마음에 심을 수 있습니다. 이 책을 통해 교회마다 거룩한 세대가 세워지길 기대합니다.

김기억 목사 | 수영로교회 가정사역 총괄

많은 부모와 교회들이 성교육의 중요성을 알면서도 선불리 시도하지 못하고 있다. 더욱이 성경적인 성교육에 대해서는 더욱 막막해한다. 이런 고민이 있는 분들에게 이 책을 추천한다. 아이들과 함께 책을 읽다 보면 그리스도인으로서 성에 대해 어떤 생각과 자세를 가져야 할지 명확하게 알게 될 것이다. 사역과 자녀 양육을 통해 다져진 저자의 노하우와 성경 말씀을 바탕으로 잘 구성된 이 책이 우리 아이들을 세상 앞에 믿음으로 당당히 세우는 디딤돌이 되기를 바란다.

김병삼 목사 | 만나교회 담임목사

우리가 살고 있는 남가주에서는 공립학교에서 의무적으로 '포괄적 성교육'(comprehensive sexual education)을 실시한다. 그로 인해 다음 세대의 성 정체성이 혼란을 겪고 있으며 더 나아가 십 대 자녀를 둔 많은 가정이 고통을 당하고 있다. 때마침 출간된 이진아 전도사의 책은 북아메리카 디아스포라 한인교회들뿐 아니라, 미국의 교육제도에 직간접으로 영향을 받고 있는 한국의 성교육에도 큰 도움을 줄 것이라 확신한다.

미국에서 일고 있는 성 정체성의 혼란은 단순히 문화 전쟁을 넘어 교회를 흔드는 치열한 영적 전쟁이다. 이 책은 그런 영적 전쟁에서 승리하는 방법을 가르쳐 준다. 단순한 이론에 그치지 않고 가정과 교회에서 실행할 수 있는 교육과정까지 제시하고 있어 더욱 활용도가 높다. 이 책이 우리 자녀들을 지키고 나아가 주의 몸 된 교회를 거룩과 성결로 지키는 일에 귀하게 쓰일 것이라 믿는다. 강단 뒤에서 말씀으로 자녀들을 가르칠 뿐만 아니라, 친히 몸으로 전쟁터에 뛰어들어 현장에서 땀 흘리는 이진아 전도사를 기도로 응원한다. 또한 이 일에 같은 마음으로 헌신하는 모든 사역자에게 이 책이 용의주도한 무기로 사용되기를 소망한다.

김한요 목사 | 얼바인 베델교회 담임목사

이 시대는 세상적인 성 지식으로 충만하다. 사탄은 성을 무기로 삼아 크리스천 청년과 청소년을 무너뜨리고 있기에 어릴 적부터 성경적인 성을 가르쳐야 한다. 이 책은 이 땅의 십 대들에게 재미있고도 유익하게 다가가는 성교육 교재이다. 따라서 교회학교나 가정에서 자녀와 함께 공부할 수 있는 장점이 있다. 십 대가 성경적인 성교육을 통해 자기를 지키고, 건강한 데이트를 하며, 믿음 위에 든든히 성장해 가기를 바란다.

박수웅 장로 | 가정사역자 · 《우리 사랑할까요?》 저자

성경적 성교육은 우리가 하나님의 형상으로 지음받은 존귀한 존재이며, 우리 몸의 주인은 하나님이시라는 것을 가르쳐 줍니다. 그리고 성교육이 지루하고 따분하며 어색하고 부끄러운 것이 아닌, 하나님 안에서 무엇이 옳고 그른지를 재미있는 활동들을 통해 가르쳐 줍니다. 무엇보다도 가장 큰 장점은 하나님이 우리에게 주신 말씀으로 가정과 함께 교육하다 보니 가정이 회복된다는 것입니다. 부모님과 성에 대해 이야기하는 것을 어색해하던 친구들은 이제 부모님에게 궁금한 것을 물어 보고 조언을 얻습니다.

아이들은 한 주 한 주 교육의 시간을 거치며 변화했고, 저와 선생님들은 아이들의 급격한 변화에 너무나도 놀라 의아하기도 했습니다. 앞으로 말씀 안에서 귀한 프로그램들을 통해 변화될 아이들의 모습이 기대됩니다.

이요한 목사 | 아름빛교회 소년부 담당

다음 세대에게 가장 필요한 건 말씀대로 사는 법을 가르치는 것입니다. 특히 성경적 성교육의 중요성은 아무리 강조해도 지나치지 않습니다. 세상이 온통 왜곡된 성 개념에 사로잡혀 있습니다. 교회와 가정에서 성경적 성교육을 가르치지 않으면, 다음 세대는 세상의 메시지가 진리인 줄 알게 됩니다. 말씀이 기준이 되어야 이 세상을 올바르게 볼 수 있습니다. 이 책은 하나님이 각각 다른 성을 주신 목적을 알려 주고, 성경에서 성에 대한 답을 찾도록 이끌어 줍니다. 하나님은 자녀들이 거룩하며 순결하게 살기를 원하십니다. 다음 세대가 이 세상 풍조를 좇지 않고 하나님의 말씀을 따르며, 건강하고 밝은 미래를 열어 가기를 간절히 기도합니다.

이찬수 목사 | 분당우리교회 담임

기독교적 성교육이 조롱의 대상이 되고 있는 요즘이다. 이진아 전도사는 지난 10년이 넘는 시간 동안 어린이 제자훈련뿐 아니라 성경적 관점의 성교육에 헌신해 온 전문가이다. 이 책을 통해서 우리 아이들이 하나님이 만드신 올바른 성을 접하고, 나아가 하나님의 계보를 잇는 가정을 만들게 되기를 기대하고 기도한다.

차인표, 신애라 | 배우

성은 하나님이 만드신 가장 아름다운 창조 작품입니다. 그러나 죄가 세상에 들어왔을 때 부부임에도 서로의 부끄러운 부분을 제일 먼저 가림으로써 성은 자연스럽게 죄스럽고 수치스러운 것으로 인식되었습니다. 하지만 하나님은 죄를 범한 아담과 하와를 갈라놓지 않으셨고, 그들이 건강한 성생활을 통해 생육하고 번성하게 하셨습니다. 하나님이 성생활을 보호하셨다는 뜻입니다. 하나님이 부부의 성을 얼마나 귀하게 여기시는지를 알 수 있는 부분입니다. 그런데도 아직도 교회 안에서 제대로 된 성교육을 하는 것을 부끄럽게 여기는 경향이 있습니다. 저자는 오랜 세월 동안 교회 안에서 다음 세대와 부모에게 성경적 성교육을 가르쳐 온 전문가입니다. 저자의 강의는 매우 탁월합니다. 감사하게도 그 강의가 책으로 세상에 나왔으니 너무 반가운 소식입니다. 부디 이 책이 많은 사람에게 전해져 읽히기를 소원합니다. 가장 중요한 교육이지만 아무나 선불리 할 수 없었던 이 강의를 사명으로 감당해 온 저자의 수고에 박수를 보냅니다.

최병락 목사 | 강남중앙침례교회 담임

초등학교부터 대학 시절을 지나면서, 그리고 어른이 되어 교수로 살아가는 지금까지 체계적이고 깊이 있는 성교육을 한 번도 받은 적이 없었습니다. 성경적 세계관에 입각해서 성교육을 받은 적이 없는 것은 물론입니다. 이것이 제 연배, 아니 모든 대한민국 국민의 현실입니다. 제가 이진아 대표의 성경적 성교육 캠프에 세 차례 참여하면서 느낀 것은, 성교육 캠프는 참여자를 살리고 나아가 가정, 교회, 국가 공동체의 생명을 살린다는 것입니다. 이 캠프는 학생, 학부모, 교사(주일학교), 강사가 4위 일체가 되어 적극 소통하면서 진행합니다. 성경적 성교육을 하면서 참여자들이 성과 순결의 중요성을 통해 생명의 소중함, 나아가 가정의 소중함을 체험하게 되었습니다. 한 예를 들자면, 캠프에 참여한 어느 가정은 처음에는 구성원 모두가 찬바람이 쌩쌩 부는 모래알 같았습니다. 그런데 캠프를 진행하면서 그 부모와 자녀가 대화를 통해 첫 사랑과 생명의 소중함을 배웠고, 이를 통해 가정이 회복되는 놀라운 모습을 보여 주었습니다.

황홍섭 교수 | 부산교육대학교 교수, 전국대학교수선교연합회 [KUPM] 선교위원장

'성경적 성교육' 프로그램을 수료한 분들의 추천사

• 학생 •

God had plans for me even when I was a single cell and even though I don't know what it is yet I have the Holy Spirit and it will guide me. From now on I will live in purity and take care of my body because Christ lives in me.

내가 단 하나의 세포였을 때에도 하나님은 나를 위한 계획을 가지고 계셨습니다. 그것이 무엇인지 완벽하게는 모르지만 내 안에는 성령님이 계시며, 그분이 나를 인도하실 거라는 사실만은 확실합니다. 예수님이 내 안에 계시다는 확신이 있기에 앞으로 나는 내 몸과 마음의 순결을 지키며 살겠습니다.

빈센트 김 | Vincent Kim

I think that was really helpful because we learned that changes to are bodies aren't just changes but also blessings. I also learned that pro-life is right and you shouldn't abort your own child that God has blessed you with. All of us also learned how to become a Godly man and woman. I can apply all of this to my life by cherishing my body and remembering what our mothers did and went through to have us. Also, we should remember that God loves us and he is always watching over us.

이 프로그램을 통해 나는 신체의 변화가 단순한 변화가 아니라 하나님이 주신 축복이라는 사실을 배웠습니다. 나는 Pro-Life(낙태 반대운동)를 통해 하나님께서 축복으로 주신 자녀를 낙태해서는 안 된다는 것을 알게 되었고 하나님의 현숙한 여인, 믿음의 남자로 성장하는 과정을 배웠습니다. 나는 내 몸을 소중히 여기며 엄마가 지금의 내가 있도록 수고하신 것을 기억합니다. 이 교육을 통해 알게 된 모든 것을 나의 삶에 적용할 것입니다. 하나님은 우리를 너무 사랑하시고 우리를 지켜보고 계신다는 것을 기억할 것입니다.

케이티 최 | Katie Choi

One of the most astonishing things that I've learned is certainly the fact that people often confuse themselves and are mistaken to make a wrong choice about life, such as abortion, without understanding that every life has a spirit and it is God's right. Truthfully, I realize that this program was very useful in teaching teenagers like myself about some of the touchy subjects such as love, marriage, and sex. More importantly, I learned about so many subjects that I never knew which I will come across through my teenage life and how God's words speak for me.

제가 배운 가장 놀라운 것들 중 하나는 많은 사람들이 실수로 생긴 태아에 대하여 잘못된 판단, 즉 낙태를 쉽게 결정한다는 사실이었습니다. 낙태는 사람의 권리가 아닙니다. 사람의 생명은 하나님께서 주관하십니다. 태아는 생명과 함께 영혼도 있습니다. 십 대인 제가 사랑, 결혼, 섹스 등 아주 어려운 주제를 잘 이해할 수 있었던 유용한 시간들이었습니다. 이런 주제보다 훨씬 더 중요한 가르침들, 하나님이 나에게 주시는 말씀과 앞으로 내가 뚫고 가야 할 문제들에 대해 배우는 귀한 시간이었습니다.

팀 변 | Tim Byun

I feel that I have grown as a Christian mentally and spiritually. After listening to this seminar, I learned that our bodies go through changes as we go through puberty. I learned that sex is not a crime, but a gift. Additionally, I learned that purity is a lifestyle.

크리스천으로서 정신적, 영적으로 성장한 것 같습니다. PURITY를 통해 사춘기 시절에 변화되는 우리 몸에 대해 알게 되었어요. 섹스는 범죄가 아니라 선물이라는 것을 배웠어요. 또한 순결은 평생 추구해야 할 생활 습관이라는 것을 배웠습니다.

조슈아 정 | Joshua Jung

Through this lesson, I gained knowledge on how we should defend ourselves in God and about the importance of our strong relationship with God.

PURITY를 통해 하나님 안에서 어떻게 나 자신을 지켜야 하는지, 그리고 하나님과의 깊은 관계가 얼마나 중요한지 알게 되었습니다.

카렌 김 | Karen Kim

I've grown as a christian in knowing what is wrong or right and how i can become a godly woman. I learned from the purity program that I have to keep my body pure because my body is the temple of the lord.

저는 크리스천으로서 무엇이 옳고 그른지 분별하는 것과 어떻게 하면 현숙한 여자로 훈련되어야 하는지 알게 되었습니다. 또한 내 몸은 주님의 성전이기 때문에 몸을 깨끗하게 지켜야 한다는 것을 배웠습니다.

케일린 리 | Cailyn Lee

I experienced growth in how the human body works and that all God makes is a beautiful thing. I learned all the different parts of the body and how life begins, it was very interesting learning how to become a godly christian and the boundaries for a relationship.

저는 하나님이 만드신 사람의 몸이 얼마나 놀라운지 알게 되었고, 하나님이 만드신 모든 것이 아름답다는 사실을 경험했습니다. 신체의 모든 다른 부분과 생명이 어떻게 시작되는지 배웠고, 믿음의 남자가 되는 법과 데이트할 때 바운더리에 대해 배운 것이 매우 흥미로웠습니다.

샘 장 | Sam Jang

◆ 학부모 ◆

저의 사랑하는 막내딸이 성교육 프로그램을 수료한 후 달라진 모습(태도)이 있다면 하나님이 주신 생명의 소중함과 그 가치를 배웠다는 것과 부모님께 감사할 줄 알고 사랑에 대한 표현이 잦아졌다는 것입니다. 이 교육은 정말 부모와 자녀가 함께 기도하게 해주는 소중한 예배가 아니었나 생각합니다.

문성범

이번에는 작은아이가, 2년 전에는 큰아이가 이 프로그램을 수료하였는데 이제 큰아이는 7학년이 되었습니다. 얼마 전 큰아이가 Sit-out(잘못된 성교육에 항의하는 표시로 학교 등교를 거부하는 운동)을 한 이유를 친구들과 SNS 메시지를 통해 이야기를 나누면서 하나님의 말씀이 절대적 진리이고 순종해야 함을 고민하지 않고 답하는 걸 보았습니다. 성경적인 성교육은 우리 아이들에게 건강한 성 정체성과 신앙을 갖고 이 세상에서 살아갈 수 있도록 전신갑주를 입히는 필수적인 프로그램임을 확신하게 되었습니다.

이명선

성장해 가는 자녀에게 어떻게 성교육을 하면 좋을까 고민하던 중 베델교회 어린이 성교육 프로그램을 만나게 되었습니다. 이 프로그램은 하나님께서 말씀하시는 성에 대한 개념을 아이들에게 명쾌하고 탁월하게 심어 주었고, 크리스천으로서 혼탁해져 가는 성문화에 어떻게 대처하며, 순결함을 지킬 수 있는지 아는 데 큰 힘이 되었습니다. 우리 가정에게는 최고의 선물이었습니다!

이은우

이 책은 십 대들의 호기심을 성경적 관점에서 다루면서도 아이들 눈높이에 맞춰 결코 진부하지 않은 내용으로 꾸민 점이 돋보인다. 각 과마다 누구나 부담 없이 접근할 수 있는 내용들을 소개함으로써 '아! 이렇게 가르칠 수도 있구나!' 하는 신선한 재미와 감동까지 선사한다.

수년간 검증된 노하우로 만들어진 교재이니만큼 한국교회와 이민교회 그리고 전 세계 열악한 선교지에서도 건강한 다음 세대를 세우기 위한 귀한 자료로 활용되기를 바라는 마음 간절하다. 이 책을 통해 "땅에 있는 성도들은 존귀한 자들이니 나의 모든 즐거움이 그들에게 있도다"(시 16:3)라는 말씀처럼 수많은 다음 세대가 존귀한 자이자 거룩한 백성으로 거듭나 하나님 나라가 더욱 확장되기를 바란다.

케빈 마 | Kevin Ma, 교사

1

중고생을 위한
성경적 성교육
6주 과정

제1과

남자와 여자를 만드신 하나님

하나님은 목적을 가지고 사람을 남자와 여자로 만드셨다. 사람을 너무나 사랑하셔서 하나님의 형상을 닮은 많은 자손이 하나님과 교제하기를 원하셨다. 그래서 아담과 하와에게 "생육하고 번성하라"라는 축복의 명령을 주신 것이다. 하지만 죄로 인해 하나님과의 관계가 깨어지고 하나님의 형상이 훼손되었다. 그리고 사랑하던 남자와 여자의 관계도 깨져 버렸다. 죄로 인해 파괴된 세상이 너무나 안타까우신 하나님은 예수님을 보내 모든 것을 다시 회복하기 원하셨다. 하나님과의 관계가 회복되고, 하나님의 형상을 다시 찾으며, 남자와 여자가 결혼을 통해 서로 사랑하고 하나가 되는 하나님의 처음 디자인을 회복하기 원하셨다.

요점

1. 인간을 동물과 구별하여 자기의 형상으로 창조하신 하나님

2. 남자와 여자를 구별하여 창조하신 하나님

3. 하나님이 결혼을 위해 만드신 성의 목적

암송 구절

하나님이 자기 형상 곧 하나님의 형상대로 사람을 창조하시되 남자와 여자를 창조하시고(창세기 1장 27절)

아이스 브레이크 "네가 궁금해!"

1. 최근에 본 책이나 영화 또는 프로그램 중 추천하고 싶은 것은 무엇이며, 그 이유는 무엇인가요?
2. 만약 하나님께 세상에서 한 가지를 바꾸도록 부탁할 수 있다면, 무엇을 바꾸고 싶나요?
3. 이 세상에서 살아 있는 한 명을 만날 수 있다면 누구를 만나고 싶나요? 그 이유는 무엇인가요?
4. 자신의 장점 한 가지를 말해 보세요.
5. 하루 동안 무엇이든 할 수 있다면 무엇을 하고 싶나요?
6. 남은 평생 한 끼만 먹을 수 있다면 무엇을 먹고 싶나요?
7. 잠을 안 자고 버틴 적이 있다면 얼마나 오래 안 자 봤나요? 그 이유는 무엇인가요?
8. 세계 어디든지 갈 수 있다면 어디로 가고 싶은가요? 그 이유는 무엇인가요?
9. 만약 집에서 단 세 가지 물건만 가지고 나갈 수 있다면 무엇을 가지고 나갈 건가요? 그 이유는 무엇인가요?
10. 감각 중 하나를 포기해야 한다면(듣기, 보기, 느끼기, 냄새 맡기, 맛보기), 어떤 것을 포기할 건가요? 그 이유는 무엇인가요?
11. 가장 기억에 남는 선물은 무엇이었나요?
12. 미래의 희망 직업은 무엇인가요?
13. 지금까지 가장 어려웠던 일은 무엇인가요?

14. 가장 좋아하는 취미는 무엇인가요?

15. 가장 큰 두려움은 무엇인가요?

16. 하나님에 대해 생각할 때 무엇이 가장 먼저 떠오르나요?

17. 먹어 본 것 중 가장 이상한 것이 있다면 무엇인가요?

18. 자신만의 독특한 습관에 대해 이야기해 보세요.

19. 일생 동안 달성하고 싶은 목표를 말해 보세요.

성경공부 "남자와 여자를 만드신 하나님"

1. 성(sex)과 젠더는 어떻게 다른가요?

2. 하나님은 우리를 하나님의 형상으로 만드셨습니다. 동물과 사람을 어떻게 다르게 지으셨나요?

① 우리에게는 ____________(을)를 모두 주셨지만(전 12:7), 동물에게는 육체만 있다.

② 우리는 하나님과 ________할 수 있다(렘 29:12). 우리는 영적인 존재이기 때문에 기도를 통해 하나님과 대화하고 소통할 수 있다.

③ 우리에게는 ________가 있다(마 22:37). 하나님을 사랑하는 것은 로봇처럼 되는 게 아니라 우리의 의지로 하는 것이다.

④ 우리는 __________을 위하여 창조되었다(시 57:2). 아무렇게 사는 게 아니라 하나님이 나에게 주신 목적에 맞게 살아야 한다.

⑤ 우리는 ____________로 창조되었다(요 3:16). 예수님을 믿으면 천국에서 영원히 살게 되지만 예수님을 믿지 않으면 영원히 지옥에서 살게 된다.

소그룹 성경공부

◆ 창세기 1장 24절-2장 25절을 읽고 답해 보세요.

1. 창세기 1장 26-27절에서 하나님은 누구의 형상으로 우리를 창조하셨습니까?

2. 창세기 1장 28절에서 하나님은 우리에게 무엇을 명령하셨습니까?

3. "생육하고 번성하여 땅에 충만하라"는 말씀의 의미는 무엇입니까?

4. 최초에 결혼은 누가 만들었습니까?(창 2:18, 24)

5. 사람을 창조하신 후 하나님은 무엇이라 말씀하셨습니까?(창 1:31)

6. 하나님이 성(Sex)을 인간에게 주신 세 가지 이유는 무엇입니까? 하나님은 남자와 여자에게 다른 생식기관을 주셨습니다. 그 목적이 무엇입니까?

① ________________을 위해(창 1:28)

"생육하고 번성하라"는 것은 하나님의 명령이다. '생육'은 열매를 맺는다는 뜻이고, '번성'은 점점 증가한다는 뜻이다. 하나님이 여자와 남자를 만드신 이유는 하나님의 형상을 닮은 존재들을 계속 낳아서 늘리기 원하셨기 때문이다. 하나님의 형상을 닮은 많은 자녀가 하나님을 더 사랑하며 교제하는 것이 하나님의 계획이었음을 알 수 있다.

② ________________을 위해(창 2:24-25)

'하나'란 남자와 여자가 영적, 육적, 정신적으로 일치함을 의미한다. 영혼이 있는 존재인 사람은 하나님과의 교제, 사람과 사람 사이의 교제를 갈망하는데, 이렇게 남녀가 연합하는 교제를 통해 행복을 느낄 수 있다. 이것은 하나님의 완전함을 표현하기 위해서이며, 사회적 존재로서 행복해지기 위해서다. 따로 존재하는 남자와 여자는 완전하지 않기 때문에 "그의 아내와 합하여 둘이 한 몸을 이룰지로다"(창 2:24)라는 말씀처럼 남편과 아내가 긴밀하게 하나 됨을 경험하면서 하나님과 하나 됨을 알게 되는 것이다.

하나 됨의 또 다른 이유는 신랑이신 예수님과 신부인 우리가 하나가 되어 연합한다는 말씀 속에 있다. 예수님이 교회를 얼마나 사랑하시는지, 예수님이 얼마나 우리와 하나 되기를 원하시는지는 남편과 아내가 하나 됨의 경험을 통해 알 수 있다. '내가 네 안에, 네가 내 안에.' 포도나무와 포도나무 가지의 비유처럼 우리가 예수님께 꼭 붙어서 하나가 되는 것처럼 남편과 아내가 하나 될 때 진정한 기쁨을 맛볼 수 있다.

③ ________________을 위해(잠 5:18-19)

남성은 여성에게 끌리고 여성은 남성에게 끌리게끔 하나님이 남자와 여자를 다르게 만들어 주셨다. 또한 가정을 이루고 아기를 가지는 과정은 재미있고 즐거운 것으로 하나님이 만드셨다. 영적, 정신적, 육체적으로 남자와 여자가 연합하는 것은 아주 즐겁고 기쁜 일이다. 부부의 하나 됨은 의무가 아니라 굉장히 자연스러운 일이다.

소그룹 토론 시간

1. 하나님은 남자와 여자를 만드신 후 생육하고 번성하라고 명령하셨습니다. 죄가 이 세상에 들어오면서 우리는 결혼과 출산에 대해 부정적인 생각을 하게 되었습니다. 결혼과 출산에 관해서 사람들이 많이 하는 부정적인 생각은 무엇인지, 왜 부정적으로 생각하는지 의견을 나누어 봅시다.

2. 기독교인으로서 결혼과 임신을 어떻게 생각해야 할까요?

제1과 숙제

1. 제2과 독서 토론을 위해 책을 읽어 오세요.

   중학생: 《성과새로운나》 Chapter 4, 5, 6

   고등학생: 《사랑,성그리고하나님》 Chapter 3,4

2. 영화 <용기와 구원>(*Courageous*)을 구입해 부모님과 같이 시청하고 느낀 점을 나누어 보세요. <가족과 함께 "Movie Time">에 영화 감상문을 작성하세요.

독서토론

중학생

◆ 책 《성과 새로운 나》 (우리 자녀 성경적 성교육 시리즈 개정판)

Chapter 1 궁금한 이야기

Chapter 2 너는 특별한 청소년이야

Chapter 3 성이란 뭘까?

◆ 《성과 새로운 나》를 읽으면서 새롭게 배운 것이나 질문들을 써보세요.

고등학생

◆ 책《사랑, 성 그리고 하나님》(우리 자녀 성경적 성교육 시리즈 개정판)

Chapter 1 성에 대한 하나님의 계획

Chapter 2 남자와 여자의 성적 체계

◆《사랑, 성 그리고 하나님》을 읽으면서 새롭게 배운 것이나 질문들을 써보세요.

플러스 활동

가족과 함께 "Movie Time"

영화 <용기와 구원> (*Courageous*)을 구입해 부모님과 같이 시청하고 질문에 답을 써보세요.

이름 __________ 시청 날짜 ______________

영화 제목 <용기와 구원>(*Courageous*)

1. 가족 중 누구와 같이 시청했나요?

2. 영화를 본 후 부모님에게 어떤 질문을 했나요?

3. 영화를 통해 하나님께서 나에게 주시는 메시지는 무엇인가요?

4. 영화를 통해 현재 나에게 적용할 수 있는 부분은 무엇인가요?

5. 가장 기억에 남은 영화 장면은 무엇인가요?

Note) 영화 시청은 선택 사항입니다.

제2과

나를 경이롭게 만드신 하나님

과연 4-5주 된 태아는 생명인가, 아니면 엄마의 장기에 생겨난 혹 같은 것인가? 태아는 수정된 순간부터 완전히 다른 인격체를 가진 생명체이다. 성경 말씀은 모든 태아가 하나님의 형상을 가진 고귀한 생명이라고 말한다. 그럼에도 이 세상은 과연 몇 주까지의 태아를 사람으로 볼지 논의하고 있다. 이 세상의 모든 법 위에 있는 것이 바로 하나님의 말씀이다. 하나님은 우리를 경이롭게 만드셨으며 엄마 배 속에 있을 때에도 우리를 아시고 사랑하셨다.

요점

1. 우리를 경이로운 영적 존재로 지으신 하나님
2. 우리를 하나님과 소통할 수 있도록 만드신 하나님
3. 우리가 엄마 배 속에 태아로 있었을 때에도 우리를 알고 계셨던 하나님

암송 구절

내가 주께 감사하옴은 나를 지으심이 심히 기묘하심이라 주께서 하시는 일이 기이함을 내 영혼이 잘 아나이다(시편 139편 14절)

성경공부 "나를 경이롭게 만드신 하나님"

Note) 준비한 각각의 씨앗과 채소, 과일을 만져보면서 성경공부를 하세요.

하나님은 예레미야 선지자가 모태에 지어지기도 전에 그를 알았다고 말씀하셨다(렘 1:5). 그리고 태에서 나오기도 전에 예레미야를 구별하여 열방의 선지자로 세웠다고 하셨다. 아기가 태어나기 전부터 하나님이 아셨다는 말씀이다.

태아의 발달 과정

4주차 태아	________ 씨앗만큼 작은 크기다. 이때는 두 개의 층으로 나뉘어 있고, 거의 눈에 보이지 않을 정도로 작다. 하지만 그 안에 _______ 이 될 자리, _______ 등이 정해진다.
5주차 태아	_________만한 크기다. 이때는 세 개의 층으로 나뉜다. 한 층은 간, 방광, 췌장, 폐, 다른 한 층은 근육, 심장, 콩팥, 림프, 혈액, 그리고 또 다른 한 층은 머리, 피부, 손톱, 눈, 코, 귀, 뇌 등으로 나뉘는 것이다. 너무나 작은 생명체이지만 이 안에 모든 _____가 들어 있고, 신체를 형성할 준비를 하고 있다. ___________이 형성되기 시작한다.
8주차 태아	_____크기가 된다. 8주가 되었을 때 태아는 _____과 _____가 생긴다. 아기의 손이 _____ 쪽으로 모아질 수 있도록 길어진다. 그리고 무릎이 생긴다.
14주차 태아	______ 크기가 된다. 이 시기에는 ____ 이 생긴다. 만약 14주 태아의 성별이 여아라면 ________ 가 배 속에 생긴다. 평생 동안 배란이 될 난자가 거의 ____개 생긴다. 이때 태아의 머리 사이즈가 몸의 ___분의 1이 된다.

21주차 태아	______ 크기가 된다. 20주가 되면 대부분 ______ 시작한다. 그래서 이때부터 책이나 성경을 읽어 주고 기도하면, 태아는 들을 수 있다. 21주가 되면 ______이 생긴다.
27주차 태아	______ 크기가 된다. 이때 머리카락이 자라기 시작한다. 그리고 이 시기에 태아는 입으로 숨을 쉰다. 이는 사실 호흡을 하는 건 아니다. 태아는 탯줄을 통해서 호흡하지만 입으로 숨을 쉬는 이유는 ______를 준비시키기 위해서이다. 엄마 배 속에서 나갔을 때 숨을 쉬어야 하기 때문에 미리 준비하는 것이라고 할 수 있다. 이 시기의 태아는 소리에 민감하게 반응한다. 그래서 배 속에서 발로 차고 움직인다. 누가복음 1장 41-43절을 보면 예수님의 어머니 마리아가 세례 요한의 어머니 엘리사벳 집을 방문했는데, 문안하는 소리를 들은 세례 요한이 자궁 안에서 기뻐 뛰어놀았다고 했다. 그러니까 아기도 ______, 기쁨이 있고 ______가 있음을 알 수 있다. 그리고 27주가 된 태아는 저녁에 자고 아침에 일어나는 일들을 일상적으로 한다.
31주차 태아	______ 크기가 된다. 이때 머리나 팔, 다리를 돌릴 수 있다. 이 시기는 태아의 ______이 한창 많을 때다.
35주차 태아	______크기가 된다. 대부분의 ______이 완성된다.
40주차 태아	______만한 크기가 된다. 태아의 머리카락이 많이 자란다. 그리고 머리가 아래에 위치해 밖으로 나올 준비를 한다. 머리가 밑으로 내려오지 않으면 출산 시 매우 위험하다. 태아가 나올 때를 알고 몸의 ______를 바꾼다는 것만으로도 신묘막측한 일이다.

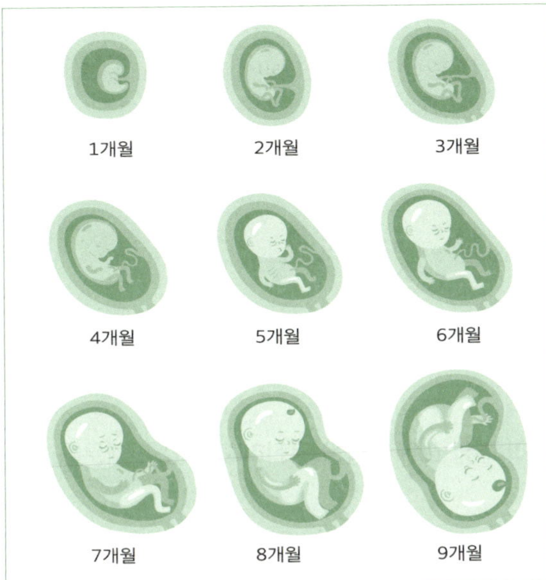

토론 시간

1. 배 속의 태아에게 영혼이 있다고 생각하나요?

✚ 성경구절을 함께 찾아 읽어 봅니다.

시편 139:13, 예레미야 1:5, 욥기 10:11-12

2. 만약 3주 된 배 속의 아기가 죽었다면 그 아기는 천국에 갔다고 생각하나요, 지옥에 갔다고 생각하나요?(옵션 1과 2 중에 하나를 택하세요)

◆ 옵션 1

자신의 죄를 회개하지 않고 예수님을 영접하지 않았기 때문에 지옥에 간다.

다른 이로써는 구원을 받을 수 없나니 천하 사람 중에 구원을 받을 만한 다른 이름을 우리에게 주신 일이 없음이라 하였더라 (행 4:12)

그들을 데리고 나가 이르되 선생들이여 내가 어떻게 하여야 구원을 받으리이까 하거늘 이르되 주 예수를 믿으라 그리하면 너와 네 집이 구원을 받으리라 하고 (행 16:30-31)

예수께서 이르시되 내가 곧 길이요 진리요 생명이니 나로 말미암지 않고는 아버지께로 올 자가 없느니라 (요 14:6)

◆ 옵션 2

태아는 배 속에서 아무것도 할 수 없다. 죄를 자백하거나 예수님을 영접할 능력이나 기회가 없는 상태다. 하지만 아기가 순진하여 아무것도 모르기 때문에 구원을 받는 것이 아니라 하나님의 자비로 아기는 구원을 받을 것이라고 믿는다.

또 너희가 사로잡히리라 하던 너희의 아이들과 당시에 선악을 분별하지 못하던 너희의 자녀들도 그리로 들어갈 것이라 내가 그 땅을 그들에게 주어 산업이 되게 하리라(신 1:39)

지금은 죽었으니 내가 어찌 금식하랴 내가 다시 돌아오게 할 수 있느냐 나는 그에게로 가려니와 그는 내게로 돌아오지 아니하리라 하니라(삼하 12:23)

예수께서 보시고 노하시어 이르시되 어린 아이들이 내게 오는 것을 용납하고 금하지 말라 하나님의 나라가 이런 자의 것이니라(막 10:14)

긍휼이 풍성하신 하나님이 우리를 사랑하신 그 큰 사랑을 인하여 허물로 죽은 우리를 그리스도와 함께 살리셨고(너희는 은혜로 구원을 받은 것이라)(엡 2:4-5)

3. 낙태는 여성의 권리인가요?

임신 기간의 증상 알아보기

임신 기간의 증상은 다음 표와 같습니다. 임신했을 때 엄마의 수고를 생각하며 읽어 보세요.

1개월	피로감, 잦은 소변, 발열 증상이 있음.
2개월	소화불량, 자주 체함, 가슴이 딱딱해짐.
3개월	어지러움과 구역질을 느낌.
4개월	배가 자주 고프며 살이 찌기 시작함. 배가 커지면서 살이 틈.
5개월	헛배가 부르며 변비가 생김.
6개월	척추와 등의 고통, 손과 발이 부음.
7개월	다리와 발에 경련이 옴.
8개월	숨이 가쁘고 잠을 깊게 못 잠.

부모에게 편지 쓰기

부모님께 진심으로 감사하는 마음을 담아 편지를 씁니다.

제2과 숙제

1. '사랑의 언어 테스트'를 해보세요(큐알 참고, https://love-lang-test.netlify.app/). 본인뿐 아니라 부모님의 사랑의 언어도 알아보세요(3과를 위해 필요).

2. 제3과 독서 토론을 위해 책을 읽어 오세요.

   중학생: 《성과새로운나》 Chapter 7, 8, 9, 10

   고등학생: 《사랑,성그리고하나님》 Chapter 5, 6

사랑의 언어 테스트

3. 영화 <파이어프루프-사랑의 도전>(*Fireproof*)을 구입해 부모님과 같이 시청하고 느낀 점을 나누어 보세요. <가족과 함께 "Movie Time">에 영화 감상문을 작성하세요.

독서토론

중학생

◆ 책 《성과 새로운 나》 (우리 자녀 성경적 성교육 시리즈 개정판)

Chapter 4 남자와 여자는 달라

Chapter 5 성은 비밀이어야 할까?

Chapter 6 새로운 나로 변하고 있어!

◆ 《성과 새로운 나》를 읽으면서 새롭게 배운 것이나 질문들을 써보세요.

고등학생

◆ 책 《사랑, 성 그리고 하나님》(우리 자녀 성경적 성교육 시리즈 개정판)

Chapter 3 성과 건강

Chapter 4 남자/ 여자가 되기 위한 도전

◆ 《사랑, 성 그리고 하나님》을 읽으면서 새롭게 배운 것이나 질문들을 써보세요.

플러스 활동

가족과 함께 "Movie Time"

영화 <파이어프루프- 사랑의 도전>(*Fireproof*)을 구입하여 부모님과 같이 시청하고 질문에 답을 써보세요.

이름 __________ 시청 날짜 ______________

영화 제목 <파이어프루프-사랑의 도전>(*Fireproof*)

1. 가족 중 누구와 같이 시청했나요?

2. 영화를 본 후 부모님에게 어떤 질문을 했나요?

3. 영화를 통해 하나님께서 나에게 주시는 메시지는 무엇인가요?

4. 영화를 통해 현재 나에게 적용할 수 있는 부분은 무엇인가요?

5. 가장 기억에 남은 영화 장면은 무엇인가요?

Note) 영화 시청은 선택 사항입니다.

제3과

현숙한 여자와 믿음의 남자로 훈련시키시는 하나님

사람은 수정된 순간부터 세상에 태어나 성장하여 노인이 되어서도 몸의 변화를 경험한다. 특히 사춘기 시기에는 아이에서 어른으로 가는 중요한 발달 과정을 거치게 된다. 신체의 발달 과정도 중요하지만 성숙한 그리스도인으로 하나님의 성품을 닮아가는 것은 더욱 중요하다. 몸이 어른처럼 발달되어 간다고 해서 하루 아침에 멋진 믿음의 남자와 현숙한 여자가 될 수 없다. 그렇기 때문에 훈련이 필요하다.

요점

1. 믿음의 남자와 현숙한 여자가 되기 위한 훈련
2. 믿음의 남자를 만나는 현숙한 여자
3. 현숙한 여자를 만나는 믿음의 남자

암송 구절

◆ 남자

깨어 믿음에 굳게 서서 남자답게 강건하라 너희 모든 일을 사랑으로 행하라(고린도전서 16장 13-14절)

◆ 여자

고운 것도 거짓되고 아름다운 것도 헛되나 오직 여호와를 경외하는 여자는 칭찬을 받을 것이라(잠언 31장 30절)

현숙한 여자와 믿음의 남자는 어떤 사람인가?

하나님의 성품은 거룩하심, 자비하심, 사랑하심, 용서하심, 정직하심, 지혜로우심, 보호하심, 동일하심, 신실하심 등 이루 헤아릴 수 없이 많다. 그야말로 완전한 성품을 가지셨다. 그러나 하나님은 인간을 만드실 때 그 성품을 완벽하게 주시지 않았다. 남성적인 면과 여성적인 면을 나누어서 남자와 여자에게 각각의 성품을 지니게 하셨다. 그러한 남자와 여자가 하나 되었을 때 하나님의 완전하심을 경험하게 된다. 그런데 인간에게 죄가 들어오면서 남자와 여자에게 있던 하나님의 형상들이 손상을 입었다. 그래서 우리는 예수님을 믿음으로써 하나님의 완전한 성품을 조금씩 배우며 성화되어야 한다. 우리가 죄인이기 때문에 완벽하게 변화될 수는 없겠지만 예수님을 믿음으로 말미암아 하나님의 성품을 닮아 가야 한다.

그렇다면 하나님이 쓰시는 믿음의 남자, 현숙한 여자는 어떤 사람인가? 또 그런 사람이 되려면 어떻게 훈련해야 하는가? 나이가 스무 살이 되었다고 하루아침에 현숙한 여자, 믿음의 남자가 되는 것이 아니다. 나이가 들고 오랫동안 교회를 다녀도 이기적이고 자만하며 미성숙한 사람이 될 수 있다. 그래서 훈련이 필요하다.

하나님의 자녀들은 하나님이 주신 재능과 시간과 건강 등을 잘 관리하고 발전시켜서 하나님께 쓰임 받는 사람이 되어야 한다. 만약에 자기 마음대로, 자기가 하고 싶은 대로만 하면서 산다면 믿음의 남자, 현숙한 여자가 될 수 없다. 기독교인이라 하더라도 그런 삶을 산 사람들은 하나님 앞에 섰을 때 심판이 기다리고 있다. 훈련되지 않은 남자를 만난 여자는 불행할 수밖에 없고, 훈련되지 않은 여자를 만난 남자 역시 불행할 수밖에 없다.

사랑의 언어 알아보기

◆ 본 내용은 게리 체프먼의 《5가지 사랑의 언어》(생명의말씀사)를 토대로 만들었습니다.

모든 사람은 각각 다른 언어로 사랑을 표현한다. 사랑의 표현 방식이 모두 다르기 때문이다. 데이트에서 소통은 굉장히 중요한 문제다. 언젠가 데이트를 하게 된다면 자기가 생각하는 사랑의 방법이 아니라 상대방의 사랑의 언어를 알아서 그 언어로 소통해야 한다. 이렇게 상대방을 배려하는 것은 아주 중요하다. 게리 체프먼은《5가지 사랑의 언어》에서 사랑의 유형을 다섯 가지로 나누었다. 인정의 말, 소중한 시간, 선물 나누기, 헌신의 행동, 신체 접촉 등이 그것이다.

5가지 사랑의 표현 방식 모두 소중한 사랑의 언어이며, 어떤 사랑의 표현이 다른 사랑의 표현보다 우월한 것이 아니다. 문제는 상대방의 사랑의 언어를 이해하지 못하는 것이다. 이것은 연인 관계뿐 아니라 부모님이나 친구와의 관계에도 해당된다.

자신의 사랑의 언어와 상대방의 사랑의 언어가 무엇인지 안다면 갈등을 줄이고, 서로 이해하며 살 수 있을 것이다. 나 중심으로 살아가는 사람이 아닌 상대방의 다름을 존중하며 살아가는 방법을 배울 수 있다.

사랑의 언어 테스트

◆ 다음의 '5가지 사랑의 언어' 유형을 살펴보고 자기의 사랑의 언어가 무엇인지 나누어 봅시다.

5가지 사랑의 언어에는 어떤 것들이 있나요?

· ____________ : 칭찬이나 높여주는 말, 인정하는 말을 들으면 사랑을 느낌

· ____________ : 함께 보내는 시간이 많을수록 사랑을 느낌

· ____________ : 꼭 비싼 게 아니라도 선물을 주고받으면서 사랑을 느낌

· ____________ : 다른 사람을 위해 봉사하고 섬김을 받을 때 사랑을 느낌

· ____________ : 악수나 가벼운 포옹 등을 통해 사랑을 느낌

5가지 사랑의 언어의 좋은 사례

· 인정하는 말: '사랑해, 고마워, 좋아, 잘했어, 최고야' 같은 말을 자주 해주기, 대화 도중 끼어들지 말기, 포스트잇에 감사 내용을 써서 주기.

· 소중한 시간: 하던 일을 멈추고 그 사람과 함께 시간 갖기, 같이 빵 만들기, TV를 끄고 보드게임이나 대화하기, 가족여행 하기.

· 선물 나누기: 선물의 가격을 따지기보다 그 안에 마음을 담는 것에 신경쓰기. 너무 많은 선물을 자주 주기보다 더 의미 있고 정성이 담긴 선물로 준비하기.

· 헌신의 행동: 요리하기, 생일선물 만들어 주기, 안마해 주기 등.

· 신체 접촉: 안아 주기, 악수하기, 하이파이브 하기, 손잡기, 같이 손잡고 기도하기 등.

◆ 신체 접촉이 사랑의 언어라고 해서 선을 넘는 신체 접촉을 해서는 안 된다. 이는 사랑의 표현이 아닌 바운더리를 넘는 행동이다.

사랑의 언어 적용하기

1. 나의 사랑의 언어 중 가장 높은 점수를 받은 두 가지는 무엇인가요?

2. 내가 생각하는 엄마의 사랑의 언어는 무엇인지 생각해 보고 두 가지 정도만 써보세요.

3. 내가 생각하는 아빠의 사랑의 언어는 무엇인지 생각해 보고 두 가지 정도만 써보세요.

4. 나는 5가지 사랑의 언어 중 어떤 사랑의 언어로 부모님에게 사랑을 표현하나요?

5. 부모님이 나를 사랑하지 않는다고 느꼈던 때는 언제인가요?

◆ 부모만의 사랑의 언어를 사용했기 때문에 자녀들이 부모의 사랑을 느끼지 못했을 수도 있다. 서로를 이해하는 시간을 가지면서 앞으로 어떻게 서로에게 사랑의 표현을 할지 소통하는 시간을 가져보자.

성경공부 "현숙한 여자와 믿음의 남자로 훈련시키시는 하나님"

1. 하나님이 쓰시는 믿음의 남자가 되는 훈련

① ________의 훈련

하나님의 뜻은 이것이니 너희의 ________이라 곧 ________을 버리고 각각 거룩함과 존귀함으로 자기의 아내 대할 줄을 알고 하나님을 모르는 이방인과 같이 색욕을 따르지 말고 이 일에 분수를 넘어서 형제를 해하지 말라 이는 우리가 너희에게 미리 말하고 증언한 것과 같이 이 모든 일에 주께서 신원하여 주심이라 하나님이 우리를 부르심은 부정하게 하심이 아니요 거룩하게 하심이니(살전 4:3-7)

우리는 ________ 존재로 하나님의 아들로 부르심을 받았다. 세상의 유혹을 따르는 삶이 아니라 ________ 기독교인으로서 능력 있는 삶을 보여 주어야 한다.

◆ 나의 다짐

② ________의 훈련

모든 지킬 만한 것 중에 더욱 네 ________을 지키라 생명의 근원이 이

에서 남이니라(잠 4:23)

너희는 이 세대를 본받지 말고 오직 ________을 새롭게 함으로 변화를 받아 하나님의 선하시고 기뻐하시고 온전하신 뜻이 무엇인지 분별하도록 하라(롬 12:2)

무엇을 보고 듣느냐는 우리의 생각, 언어, 행동과 성품에 영향을 준다. 그래서 사탄은 우리의 ________을 지배하기 위해서는 우리가 ___________을 지배하면 된다는 사실을 알고 있다.

◆ 나의 다짐

③ _________의 훈련

청년이 무엇으로 그의 행실을 ________하리이까 주의 ________만 지킬 따름이니이다 내가 전심으로 주를 찾았사오니 주의 계명에서 떠나지 말게 하소서 내가 주께 ________아니하려 하여 주의 말씀을 내 마음에 두었나이다(시 119:9-11)

주의 ________은 내 발에 등이요 내 길에 빛이니이다(시 119:105)

하나님의 뜻대로 살기 위한 가장 좋은 방법은 하나님의 ________을 마음에 새기는 것이다. 죄인된 우리의 생각과 지식으로는 하나님의 뜻을 알 수 없다. 말씀이 우리 발의 등이 되어 한 걸음 한 걸음 인도하시는 대로 따라갈 때 유혹이 와도 죄를 물리칠 수 있는 ________이 생긴다.

◆ 나의 다짐

④ ________의 훈련

하나님이여 나를 살피사 ________을 아시며 나를 시험하사 내 뜻을 아옵소서(시 139:23)

거짓 입술은 여호와께 미움을 받아도 ________ 행하는 자는 그의 기뻐하심을 받느니라(잠 12:22)

하나님 앞에 ________해야 회개할 수 있다. 성숙한 기독교인이 되기 위해서 하나님과 사람들에게 ________해야 한다. 그러기 위해서는 거짓말을 하지 않는 ________의 훈련이 필요하다.

◆ 나의 다짐

⑤ __________의 훈련

또 배를 보라 그렇게 크고 광풍에 밀려가는 것들을 지극히 작은 키로써 사공의 뜻대로 운행하나니 이와 같이 _________도 작은 지체로되 큰 것을 자랑하도다 보라 얼마나 작은 불이 얼마나 많은 나무를 태우는가 _________는 곧 불이요 불의의 세계라 _________는 우리 지체 중에서 온 몸을 더럽히고 삶의 수레바퀴를 불사르나니 그 사르는 것이 지옥 불에서 나느니라 (약 3:4-6)

___________ 찬송과 저주가 나오는도다 내 형제들아 이것이 마땅하지 아니하니라(약 3:10)

무릇 ____________ 말은 너희 입 밖에도 내지 말고 오직 덕을 세우는 데 소용되는 대로 선한 말을 하여 듣는 자들에게 은혜를 끼치게 하라 (엡 4:29)

믿음의 남자는 자신의 ________를 통제하고 하나님이 기뻐하시는 언어를 사용한다. 언어생활을 통해 항상 자신의 신앙을 파악해야 한다.

◆ 나의 다짐

2. 하나님이 쓰시는 현숙한 여자가 되는 훈련

① ________을 먼저 구하는 여자

그런즉 너희는 먼저 ________와 ________를 구하라 그리하면 이 모든 것을 너희에게 더하시리라 그러므로 내일 일을 위하여 염려하지 말라 내일 일은 내일이 염려할 것이요 한날의 괴로움은 그날로 족하니라(마 6:33-34)

대단한 이상형을 만나도 행복이 보장되지 않는다. 하나님 외에는 그 어떤 것도, 그 누구도 나의 마음을 채울 수 없음을 알아야 한다. 내 인생의 ________는 항상 ________먼저!

◆ 나의 다짐

② ________ 말하는 여자

__________ 자의 마음은 그의 입을 __________ 하고 또 그의 입술에 지식을 더하느니라(잠 16:23)

__________ 의 입의 말들은 ________________ 우매자의 입술들은 자기를 삼키나니(전 10:12)

연애 또는 결혼 생활에서 가장 중요한 것 중 하나가 소통이다. 소통을 잘하는 연인, 부부는 행복하다. 소통을 잘하기 위해서는 __________이 필요하다.

◆ 나의 다짐

③ 진정한 ____________을 지닌 여자

고운 것도 거짓되고 아름다운 것도 헛되나 오직 여호와를 __________ 여자는 칭찬을 받을 것이라(잠 31:30)

또 이와 같이 여자들도 __________ 옷을 입으며 소박함과 정절로써 자기를 단장하고 땋은 머리와 금이나 진주나 값진 옷으로 하지 말고 오직 ________ 하기를 원하노라 이것이 하나님을 경외한다 하는 자들에게 마땅한 것이니라(딤전 2:9-10)

겉모양의 아름다움은 진정한 아름다움이 아니다. 하나님을 ______하고 ______하는 마음을 가진 자가 진정한 아름다움을 가진 여자다.

◆ 나의 다짐

④ __________한 여자

주 앞에서 ________ 그리하면 주께서 너희를 높이시리라(약 4:10)

무릇 자기를 높이는 자는 낮아지고 자기를 ________ 자는 높아지리라(눅 14:11)

자기만 알고 교만한 자를 조심하라. 하나님은 ______ 자를 들어 쓰신다.

◆ 나의 다짐

⑤ 하나님을 __________는 여자

이제 내가 사람들에게 좋게 하랴 __________ 좋게 하랴 사람들에게 기쁨을 구하랴 내가 지금까지 사람들의 기쁨을 구하였다면 그리스도의 종이 아니니라(갈 1:10)

마음을 다해서 진실하게 __________________이 진정 아름다운 믿음의 여자다.

◆ 나의 다짐

제3과 숙제

1. 제4과 독서 토론을 위해 책을 읽어 오세요.

   중학생: 《성과새로운나》 Chapter 11, 12, 13

   고등학생: 《사랑, 성그리고하나님》 Chapter 7, 8

2. 영화 <믿음의 승부> (*Facing the Giants*) 를 구입해 부모님과 같이 시청하고 느낀 점을 나누어 보세요. <가족과 함께 "Movie Time">에 영화 감상문을 작성하세요.

독서토론

중학생

◆ 책 《성과 새로운 나》 (우리 자녀 성경적 성교육 시리즈 개정판)

Chapter 7- 8 소년이 남자로 자랄 때 / 소녀가 여성으로 자랄 때

Chapter 9 놀라운 출생

Chapter 10 친구들과 우정 쌓기

◆ 《성과 새로운 나》를 읽으면서 새롭게 배운 것이나 질문들을 써보세요.

◆ 책 《사랑, 성 그리고 하나님》 (우리 자녀 성경적 성교육 시리즈 개정판)

Chapter 5 데이트하는 법

Chapter 6 진짜 사랑에 대하여

◆ 《사랑, 성 그리고 하나님》을 읽으면서 새롭게 배운 것이나 질문들을 써보세요.

플러스 활동

가족과 함께 "Movie Time"

영화 <믿음의 승부>(*Facing the Giants*)를 구입하여 부모님과 같이 시청하고 질문에 답을 써보세요.

이름 ____________ 시청 날짜 ________________

영화 제목 <믿음의 승부> (*Facing the Giants*)

1. 가족 중 누구와 같이 시청했나요?

2. 영화를 본 후 부모님에게 어떤 질문을 했나요?

3. 영화를 통해 하나님께서 나에게 주시는 메시지는 무엇인가요?

4. 영화를 통해 현재 나에게 적용할 수 있는 부분은 무엇인가요?

5. 가장 기억에 남은 영화 장면은 무엇인가요?

Note) 영화 시청은 선택 사항입니다.

제4과

하나님이 기뻐하시는 데이트

데이트는 몇 살부터 하는 것이 이상적일까? 스킨십은 어디까지 해야 하나? 사춘기를 지나며 이성에 대한 호기심이 자연적으로 생기면서 수많은 질문을 하게 된다. 지금 누군가를 좋아하는 감정이 사랑인지 어떻게 알 수 있을까? 가슴이 두근거리는 강한 감정이 진짜 사랑이라고 세상은 우리를 속여왔지만 사랑의 정의는 말씀에서 찾아야 한다. 사랑은 '오래 참고 온유하며 시기하지 않으며 자기의 유익을 구하지 않는 것'이라고 말씀하신다. 사랑하는 것과 좋아하는 것을 구별할 줄 아는 분별력을 가져야 진짜 아름다운 사랑을 하기 위한 준비가 된 것이다.

요점

1. 기독교인의 데이트

2. 데이트할 때 바운더리에 관한 이해

3. 동성애에 대한 성경적 이해

암송 구절

누구든지 네 연소함을 업신여기지 못하게 하고 오직 말과 행실과 사랑과 믿음과 정절에 있어서 믿는 자에게 본이 되어(디모데전서 4장 12절)

성경공부 "하나님이 기뻐하시는 데이트"

남자와 여자가 서로에게 끌리는 것은 자연스러운 현상이다. 그런데 성경에는 데이트에 대해 손은 언제 잡아도 되는지, 키스는 언제 할 수 있는지 등은 나와 있지 않다. 하나님은 우리가 무엇을 하느냐보다 어떤 사람이 되느냐가 더 중요하다고 말씀하신다. 그런 맥락에서 데이트는 더 나은 사람이 되어 가는 과정이 되어야 한다. 데이트를 통해 더 성숙해지고 믿음도 더 굳건해진다면 바른 데이트를 하고 있는 것이다.

데이트는 가볍게 상대방을 한번 알아보는 의미에서 하는 것이 아니라 후회 없는 결혼을 위해 상대방을 관찰하는 과정이다. 서로 사랑하고 아껴 주고 모든 것이 좋았던 연애 시절이 결혼 후에도 지속된다면 그보다 좋은 게 없겠지만 그렇지 않은 경우가 많다. 뜨거운 사랑의 감정만을 믿고 결혼했지만, 그 후에 그토록 좋아했던 상대방의 장점이 단점으로 보여 이혼까지 하는 경우를 많이 보았다. 따라서 데이트는 아주 신중히 해야 한다.

결혼을 전제로 하는 이성교제(연인 관계 데이트)는 언제부터 할 수 있는가? 손도 잡고 껴안기도 하는 이성교제는 부모로부터 경제적으로 독립할 수 있는 나이가 된 후에 해야 한다. 왜냐하면 연인 관계 데이트의 목적은 결혼을 잘하기 위한 단계이기 때문이다. 부모의 도움을 받지 않고 경제적으로 어려움 없이 생활할 수 있는가? 자신의 행동을 책임질 수 있는가? 결혼해서 아기를 낳았을 때 그 아기를 책임지고 양육할 수 있는 준비가 되어 있는가? 마음의 준비와 경제적 준비가 되어야 연인 관계 데이트를 할 수 있다. 그런 준비가 되기 전에는 캐주얼 데이트(그룹 데이트)만으로도 서로를 충분히 알아갈 수 있다. 캐주얼 데이트는 서로 관심을 가지고 좋아하지만 신체적 접촉이 없는 관계다. 둘만 따로 시간을 보내는 것이 아니라 그룹으로 만나서 서로 알아가는 관계이다.

어떤 사람들은 연인 관계 데이트를 하지 말고 결혼 전에 한 사람만 만나서 결혼하라고 말한다. 데이트는 서로에게 유익하지 않을뿐더러 데이트를 통해 너무나 많은 상처를 주고받기 때문이라는 것이다. 이는 너무 극단적인 생각이다. 어떻게 한 사람만 만나서 연애하고 결혼을 할 수 있을까? 처음부터 나의 반쪽을 알아보고 연애한다는 것은 쉽지 않다. 오히려 데이트를 통해 서로에게 좋은 영향력을 주도록 노력한다면, 상처를 주는 것이 아니라 서로에게 유익한 데이트가 될 수 있다. 서로를 배려하고, 서로의 바운더리를 존중하고, 서로에게 많이 배우며, 하나님과 더 가까워지는 데이트가 건강한 데이트다.

캐주얼 데이트는 서로를 배울 수 있는 좋은 기회가 된다. 많은 사람과 우정을 나누면서 자신에게 맞는 사람이 어떤 유형인지 판단하기에는 교회만 한 곳이 없다. 어떤 친구는 결단력이 있고, 어떤 친구는 신사적이고, 또 어떤 친구는 남을 배려하는 등 저마다의 개성이 매력적으로 느껴질 수 있다. 그런 친구들과 같이 영화 보고 수련회도 가면서 자신이 어떤 성향을 좋아하는지 알게 된다. 그렇게 조금씩 범위를 좁혀 가면서 자신의 성향을 분석할 수 있다. 그런 의미에서 우정 관계에서의 교제는 바람직하다.

연인 관계 데이트를 하기 전에 많은 사람을 관찰하며 사람을 보는 안목을 키우는 것이 중요하다. 일단 결혼한 다음에는 되돌릴 수 없기 때문이다. 결혼하기 전에 신중하게 나를 파악하고 내가 어떤 성격의 소유자에게 끌리는지를 알면 그런 사람을 만나기 위해 일찍부터 기도하게 된다.

캐주얼 데이트를 하게 되면 자신에게 어떤 단점이 있는지 알게 된다. 예를 들면, 다투었는데 자신이 상대방과 며칠 동안 말도 안 하고 대화를 완전히 끊어 버리는 성격이라면, 혹은 상대에게 그런 성향이 있다면 그것을 어떻게 해결해야 할지 배울 수 있는 기회가 된다. 신체적인 접촉이 없는 우정의 관계를 더 많이 경험하면서 충분히 기도하고 서로가 준비되었을 때 연인 관계 데이트를 하는 것이 바람직하다.

연인 관계 데이트를 통해 상대방을 좋아하지만 선을 넘고 싶은 마음을 통제하고 자신을 절제하는 법을 배워야 한다. 좋아한다는 이유로 스킨십을 강요하는 사람과는 처음부터 만나지 않는 것이 좋다. 그런 만남은 위험한 데이트가 될 수밖에 없다. 서로가 정해 놓은 바운더리를 존중하고 그것을 지키도록 노력하는 데이트라면 서로에게 유익하고도 건강한 교제가 될 것이다.

✚ 기독교인의 데이트 체크리스트

☐ 하나님의 나라를 먼저 구하라(마태복음 6:33).

☐ 기독교인과 사귀라(고린도후서 6:14). 나와 비슷한 신앙관과 가치관을 가진 사람을 만나라.

☐ 자신의 마음을 지키라(잠언 4:23).

☐ 데이트는 장난이 아니라 결혼을 전제로 사귀는 것이다. 충동적으로 사귀는 것은 금물이다.

☐ 부모의 조언을 구하라. 당사자가 보지 못하는 것이 부모의 눈에 보일 수 있다.

☐ 주위 사람들이 두 사람의 관계를 축복하는지, 염려하는지를 점검해 보라.

☐ 둘만의 데이트보다 그룹으로 같이 다니는 데이트를 즐겨라. 그룹 안에서 다른 사람들을 어떻게 대하는지 보는 것도 아주 중요하다.

☐ 데이트할 때 꼭 지켜야 할 선(바운더리)을 상대방에게 알려라(데살로니가전서 4:3-5). 언제든 이 사람과 헤어질 수 있다는 사실을 명심하라. 헤어져도 서로에게 상처가 되지 않도록 그 관계를 유지하라.

☐ 하나님의 일을 같이 섬겨라. 섬기면서 상대방의 많은 부분을 알 수 있다.

☐ 서로를 존중하는 것이 진정한 사랑이다. 상대방을 배려하는 연습을 하라. 데이트할 때 존중받지 못하면 결혼해서도 존중받지 못할 가능성이 크다.

☐ 데이트할 때마다 전신갑주를 입도록 만날 때마다 같이 기도하라 (에베소서 6:10-20).

☐ 데이트를 시작하면서 하나님과 더 가까워지는지 멀어지는지 점검하라.

Note) 누군가를 좋아하는 감정이 생기는 것은 아주 정상적인 일이다. 하지만 데이트를 시작하기 전에 꼭 신중히 생각해야 한다. 훗날 데이트를 할 때 "기독교인의 데이트 체크 리스트"를 보며 올바른 데이트를 하고 있는지 수시로 점검하며 하나님께 지혜를 구해야 한다.

로즈 액티비티

1. 장미 꽃봉오리가 손상되지 않고 자연적으로 꽃잎이 열려 완전한 꽃을 피울 수 있도록 하려면 어떻게 해야 할까요?

2. 어린 소녀/소년이 자신의 몸을 성숙하게 만들려고 강제로 노력하는 것이 가능한가요?

3. 장미 꽃봉오리와 어린 소녀/소년 모두 성숙하게 꽃을 피울 수 있는 유일한 방법은 무엇일까요?

4. 로즈 액티비티를 통해 무엇을 배웠나요? 나누어 봅시다.

미래의 데이트 계획 세우기

1. 몇 살에 연인 관계 데이트를 하고 싶나요?

2. 결혼 전까지 몇 명 정도 사귀게 될까요? (상상해 보세요)

3. 데이트를 했을 때 상대방이 나와 결혼하지 않고 헤어질 확률이 몇 퍼센트 정도 될 것이라고 생각하나요?

4. 데이트를 하면 바운더리를 어떻게 세울 것인가요? (구체적으로 쓰세

요. 손은 언제부터 잡고, 포옹은 언제 하고 등)

5. 헤어진 옛 연인을 훗날 마주쳤을 때 반갑게 인사할 수 있으려면 바운더리를 어디까지 지켜야 할까요?

토론 시간 "사랑이란?"

1. 성경은 사랑에 관해 뭐라고 말씀하나요?(고린도전서 13:4-7)

2. 언제 내 이성친구에게 "사랑해"라고 말할 수 있나요?

3. 내가 사랑할 준비가 되었는지 어떻게 알 수 있나요?

4. 데이트할 때 왜 바운더리가 필요한가요?

5. 데이트에서 신체적 관계의 바운더리는 어디까지라고 생각하나요? 그 이유는 무엇입니까?

소그룹 성경공부 "동성애"

1. 동성애는 유전인가요?

2. 동성애가 유전이 아님에도 많은 사람이 유전이라고 생각하는 이유는 무엇인가요?

3. "동성애 유전자가 없다"라는 과학적 증거가 있나요?

4. 동성애가 증가하는 이유는 무엇일까요?

5. 성경은 동성애를 어떻게 말하나요?

창세기 19:1-13

레위기 18:22

로마서 1:26-27

고린도전서 6:9-11

디모데전서 1:9-10

6. 기독교인으로서 동성애자들을 어떻게 대해야 할까요?

Note)
유튜브에 '동성애 극복 사례- 크리스토퍼 원' '동성애 극복 사례-멜리사 프레어'(건사연 TV 제공)를 검색하고 같이 시청하는 것도 좋은 방법이다 (큐알 참고).

크리스토퍼 사례 ▸

멜리사 사례 ▸

7. 성소수자로 인정받으면 행복해질까요? 성전환 호르몬 약이나 성전환 수술이 행복한 삶을 만들어 줄까요?

미래 배우자를 위한 기도 리스트 작성

어릴 때부터 미래의 배우자를 위해 기도하는 것은 아주 중요하다. 하나님은 행복한 결혼 생활을 위해 우리의 배우자를 준비시키시지만 우리도 미래의 배우자에게 좋은 남편, 좋은 아내가 되기 위해 영적, 정신적으로 준비하고 훈련해야 한다. 내가 준비된 만큼 배우자도 준비시키시는 하나님을 생각하며 미래의 배우자 기도제목을 써 보자.

1

2

3

4

5

6

7

8

9

10

제4과 숙제

1. 영화 <신은 죽지 않았다 1> (*God's Not Dead 1*)을 구입해 부모님과 같이 시청하고 느낌 점을 나누어 보세요. <가족과 함께 "Movie Time">에 영화 감상문을 작성하세요.

독서토론

중학생

◆ 책《성과 새로운 나》(우리 자녀 성경적 성교육 시리즈 개정판)

Chapter 11 데이트와 이성교제

Chapter 12 가족과 잘 지내기

Chapter 13 새로운 나

◆《성과 새로운 나》를 읽으면서 새롭게 배운 것이나 질문들을 써보세요.

고등학생

◆ 책 《사랑, 성 그리고 하나님》 (우리 자녀 성경적 성교육 시리즈 개정판)

Chapter 7 결혼, 둘이 하나되기

Chapter 8 둘이 셋이 될 때

◆ 《사랑, 성 그리고 하나님》을 읽으면서 새롭게 배운 것이나 질문들을 써보세요.

플러스 활동

가족과 함께 "Movie Time"

영화 <신은 죽지 않았다 1> (*God's Not Dead 1*)을 구입하여 부모님과 같이 시청하고 질문에 답을 써보세요.

이름 ___________ 시청 날짜 _______________

영화 제목 <신은 죽지 않았다 1> (*God's Not Dead 1*)

1. 가족 중 누구와 같이 시청했나요?

2. 영화를 본 후 부모님에게 어떤 질문을 했나요?

3. 영화를 통해 하나님께서 나에게 주시는 메시지는 무엇인가요?

4. 영화를 통해 현재 나에게 적용할 수 있는 부분은 무엇인가요?

5. 가장 기억에 남은 영화 장면은 무엇인가요?

Note) 영화 시청은 선택 사항입니다.

제5과

순결, 하나님의 선하신 계획

결혼은 하나님이 만드신 제도이다. 정부가 만든 제도가 아니다. 부부 사이에서는 나의 죄인된 모습을 숨길 수 없다. 하나님은 부부의 관계를 통해 서로의 연약한 부분을 품어 주고 그 연약함에도 불구하고 서로 사랑하는 마음을 배우도록 하셨다. 궁극적으로 예수님을 닮아가는 결혼 생활을 통해 하나님이 축복으로 주신 시간들을 경험하게 되는 것이다. 행복한 결혼을 위해 순결은 중요한 열쇠이다. 육체적, 정신적, 영적 순결을 위해 우리가 어떻게 준비해야 하는지 배워보자.

요점

1. 순결의 의미
2. 예수님의 피로 산 귀한 나의 몸
3. 나의 몸은 성령님의 전
4. 하나님이 만드신 성의 이해
5. 세상이 주는 왜곡된 성의 이해

암송 구절

너희 몸은 너희가 하나님께로부터 받은 바 너희 가운데 계신 성령의 전인 줄을 알지 못하느냐 너희는 너희 자신의 것이 아니라 값으로 산 것이 되었으니 그런즉 너희 몸으로 하나님께 영광을 돌리라

(고린도전서 6장 19-20절)

성경공부 "순결, 하나님의 선하신 계획"

1. 순결이란 무엇인가요?

2. 하나님은 성(sex)에 대해 어떻게 말씀하시나요?

3. 세상은 순결을 지키고자 하는 사람에게 어떻게 이야기하나요?

4. 하나님이 자기 아들의 피로 우리 몸을 샀다고 하셨는데, 그렇다면 우리는 자신의 몸을 어떻게 대해야 할까요?

5. 순결을 꼭 지켜야 하는 이유가 무엇입니까?

6. 순결을 지키는 게 쉬울까요, 어려울까요?

소그룹 토론 1 "성병"

성병이 무거운 주제이긴 하지만 꼭 알아 둘 필요가 있다. 성병을 STD(Sexually Transmitted Disease)라고 하는데 요즘 미국에서는 새로운 트렌드로 STI(Sexually Transmitted Infection)라고 한다. 질병(disease)은 불치병 또는 심각한 질병 같은 뉘앙스가 있어서 모든 성교육 교재에는 감염(infection)으로 고쳐 표기했다. 감염은 약을 먹으면 낫는다는 개념이 반영되었기 때문에 학생들에게 STI로 가르치고 싶어하는 것이다.

성병은 그 종류가 굉장히 많다. 성병은 다 고칠 수 있는 게 아니다. 현재 가장 흔한 HPV는 치료가 불가능하고, HIV도 완치할 수 없다. HPV의 종류는 약 100여 가지인데, 이에 따라 새로운 성병이 계속 생기고 있는 상황이다. 미국질병통제예방센터(CDC) 보고에 따르면, 2015년 기준으로 열네 가지의 성병만 치료가 가능하다. 그 외의 성병은 평생 약을 먹거나 다른 병으로 전이되어 생명을 잃을 수 있다.

◆ 성병(STD)에는 어떤 것들이 있나요? 또 증상은 무엇인가요?

· HPV(인유두종 바이러스)가 가장 많이 감염되는 성병이다. 바이러스를 통해 감염되기 때문에 성 접촉뿐만 아니라 여러 다른 통로로도 쉽게 감염될 수 있다.

· HPV는 여러 가지 암으로 발생, 전이될 가능성이 높다. 이 바이러스가 자궁경부암으로 발생될 가능성은 70퍼센트이며, 항문암의 95퍼센트는 HPV 16형으로부터 온다.

· 증상이 없을 때가 많기 때문에 자신이 감염되었는지도 모르는 경우가 많다(10-12년의 잠복기가 있음).

· 성적으로 문란한 사람들의 약 80퍼센트는 어느 시점에서 HPV에 걸리게 된다.

· 건강보험심사평가원에서 제출받은 자료에 따르면, '2014년부터 2018년까지 10-19세의 청소년 중 총 5만6,728명이 성병 환자에 해당된다(출처: 서울 아산병원).

· 10대 청소년 성병환자는 2014년 9,622명에서 2018년 1만 2,753명으로 33퍼센트 증가했다(출처: 서울 아산병원).

· 10대 여자 청소년은 성병이 2014년 7,345명에서 2018년에는 1만343명으로 약 41퍼센트 증가했다(출처: 진선미 의원실).

· 2019년 기준으로 전체 성병 환자 중 10대 여자 청소년이 81퍼센트를 차지한다(출처: 진선미 의원실).

소그룹 토론 2 "불과 성(Sex)"

불은 우리가 살아가는 데 많은 혜택을 주지만 잘못 사용하면 아주 위험하며, 목숨도 빼앗아 갈 수 있다. 마찬가지로 하나님은 성(sex)을 우리에게 축복으로 주셨지만 결혼 밖의 문란한 성생활은 신체적, 정신적, 영적으로 돌이킬 수 없는 상처를 초래한다. 다음 표에 답을 쓰고 그룹별로 토론하는 시간을 가져보자.

	불(Fire)	성(Sex)
긍정적/ 이로운 면		
부정적/ 위험한 면		

토론하기 "성에 관한 세 가지 거짓말"

"얼굴이 못생기거나 뚱뚱한 건 죄다, 사랑하면 모든 것을 주는 관계가 되어야 한다, 사랑은 짜릿한 감정이다" 등 사탄은 대중매체를 통해 거짓된 메시지로 우리를 속이는 데 성공했다. 사탄은 처음부터 거짓의 아비이기 때문에 거짓말에는 탁월한 재능을 가지고 있다. 특히나 사탄은 하나님이 만드신 가정을 파괴하기 위해 모든 수단을 동원하고 있다. 사탄은 미래의 남편과 아내가 될 다음 세대의 가정이 파괴되기 원하는데, 이를 위한 가장 효과적인 방법이 바로 성적으로 문란하게 만드는 것이라고 본다. 그래서 하나님이 복으로 주신 성에 대해 많은 거짓된 정보들로 우리의 분별력을 흐리고 있는 것이다. 어떻게 하면 결혼하지 않고 성을 즐기면서 살 수 있는지 달콤한 유혹으로 우리의 삶을 엉망으로 만든다. 세상이 말하는 세 가지 잘못된 성의 개념에 대해 알아보자.

다음 세 개의 문장을 읽고 이것이 왜 잘못된 정보인지 쓰고 그룹에서 나누어 보자.

1. 성은 하나님이 만들었기 때문에 좋은 것이니, 성 생활을 즐기는 것이 좋다?

2. 사랑하면 섹스는 당연히 하는 것이다?

3. 결혼은 미리 살아보고 결정하는 것이 현명하다?

기도와 나눔

남자와 여자를 만드신 하나님, 경이롭게 나를 만드신 하나님, 믿음의 남자와 현숙한 여자로 훈련하시는 하나님, 하나님이 기뻐하시는 데이트, 하나님의 선하신 계획인 순결에 대해 배웠다. 성경적 성교육(PURITY) 수업을 통해 배운 것을 나누고, 앞으로 어떻게 살지 결심하는 시간을 가져 보자.

· 결혼에 대한 생각이 어떻게 바뀌었나요?

· 결혼을 통해 자녀를 갖는 것에 대한 생각이 어떻게 바뀌었나요?

· 낙태에 대한 생각이 어떻게 바뀌었나요?

· 믿음의 남자와 현숙한 여자로 훈련하기 위해 앞으로 어떻게 노력할 건가요?

· 하나님이 기뻐하시는 데이트를 하기 위해 어떻게 노력할 건가요?

· 데이트의 바운더리를 어떻게 만들 건가요?

· 순결을 지키기 위해 어떻게 노력할 건가요?

· 훗날 어떤 믿음의 가정을 이루고 싶나요?

· 훗날 자녀를 어떻게 키우고 싶나요?

· 언젠가 우리가 마지막 숨을 쉬고 하나님 앞에 서게 되었을 때 어떤 칭찬을 받고 싶나요?

PURITY(성경적 성교육)는 그동안 자기 마음대로 살아온 자들을 정죄하기 위한 프로그램이 아닙니다. 이 프로그램은 오히려 회복의 도구입니다. 하나님 앞에서는 우리 모두가 죄인입니다. 사탄은 우리를 정죄함으로써 죄책감을 느끼게 하여 하나님께 가까이 가는 것을 막으려 합니다. 그러나 하나님은 은혜와 용서의 하나님이십니다. 우리가 회개하면 하나님은 우리에게 회복의 축복을 주십니다. 성경적 성교육(Purity) 프로그램을 통해 우리는 용서받을 수 없는 죄는 없다는 것을 이해해야 합니다. 그렇기 때문에 여러분이 이 프로그램을 통해 새롭게 시작하기를 바랍니다.

PURITY(성경적 성교육)는 악하고 패역한 이 마지막 시대에 순결한 한 사람을 찾으시는 하나님의 마음을 깨닫고, 거룩하고 순결한 자녀가 되어 이 세상을 바꾸는 게임 체인저가 되도록 준비시키는 과정입니다. 하나님은 우리의 영혼과 마음, 육체의 순결을 지키며 하나님의 자녀로서 하나님께서 이 세상에 보내신 목적을 이루는 멋진 용사가 되기를 원하십니다. 사탄이 가장 무서워하는 거룩한 자녀가 되어 이 세상에 거룩한 영향력을 주는 하나님의 자녀가 되길 소망합니다!

제5과 숙제

◆ 영화 <기도의 힘>(*War Room*)을 부모님과 같이 시청하고 느낀 점들을 나누어 보세요. <가족과 함께 “Movie Time”>에 영화 감상문을 작성하세요.

플러스 활동

가족과 함께 "Movie Time"

영화 <기도의 힘>*(War Room)*을 구입하여 부모님과 같이 시청하고 질문에 답을 써보세요.

이름 ___________ 시청 날짜 ______________

영화 제목 <기도의 힘>*(War Room)*

1. 가족 중 누구와 같이 시청했나요?

2. 영화를 본 후 부모님에게 어떤 질문을 했나요?

3. 영화를 통해 하나님께서 나에게 주시는 메시지는 무엇인가요?

4. 영화를 통해 현재 나에게 적용할 수 있는 부분은 무엇인가요?

5. 가장 기억에 남은 영화 장면은 무엇인가요?

Note) 영화 시청은 선택 사항입니다.

제6과

순결 서약식

순결 서약식은 5주간 배운 내용을 바탕으로 하나님과 부모님과 친구들 앞에서 순결한 삶을 살겠다고 약속하는 귀중한 시간입니다. 진실되고 행복한 마음으로 프로그램에 임하도록 합니다.

5주 동안 배운 성교육을 통해 나 자신과의 약속 10가지를 써 봅시다. 하나님께 서약하는 동시에 나 자신과 약속하는 시간을 잠시 가지는 것입니다. 앞으로 마음이 흔들릴 때마다 이 약속을 되새기며 기도로 승리하길 바랍니다.

1

2

3

4

5

6

7

8

9

10

순결 서약식

학생 서약서

나는 하나님, 가족, 친구, 영적 리더들 앞에서 하나님이 명령하신 것처럼 순결한 삶을 살 것을 약속합니다.

나는 하나님의 뜻을 위해 하나님의 형상으로 창조되었으며, 순결을 지킴으로써 하나님께 순종하는 삶을 살며 하나님을 기쁘시게 하기 위해 최선을 다할 것입니다.

지금 이 시간 하나님께 드리는 약속을 지키기 위해 나는 가족과 친구들에게 지혜와 충고를 구할 것입니다.

이 반지는 하나님이 내게 주신 최고의 선물을 기다리는 나의 결심의 상징입니다.
나는 이 반지를 믿음으로 끼고 하나님께 영광을 돌리는 삶을 살 것입니다.

나의 마지막 호흡을 쉬고 하나님 앞에 섰을 때 나의 순결한 삶을 통해 하나님의 이름을 높이고 영향력 있는 기독교인으로서 칭찬받을 날을 기억하며 말씀과 기도로 무장하고 거룩한 삶을 살도록 노력할 것입니다.

날짜________________

이름________________ 사인________________

SPECIAL

Q & A

결혼 · 순결 · 이혼

1. 성경에 보니 믿음의 사람 중에는 아내를 많이 둔 자가 있었던 것 같아요. 솔로몬은 700명의 아내와 300명의 첩을 가진 왕이었고, 다윗도 여러 명의 아내와 첩을 하나님이 허락하셨더라고요. 아브라함, 야곱 등은 여러 명의 아내를 두었지만 하나님은 믿음의 사람으로 여기셨잖아요. 당시에는 여러 아내를 두어도 죄가 아니었나요? 왜 현대사회를 사는 우리에게 부부는 한 남자와 한 여자의 결합이라고 하나요? 하나님의 기준이 바뀐 건가요?

성경에서 많은 사람이 여러 명의 아내를 둔 것을 하나님이 아셨다고 해서 그것을 허용하셨다는 말은 아닙니다. 하나님은 태초에 아담과 하와를 만드시고 "이러므로 남자가 부모를 떠나 그의 아내와 합하여 둘이 한 몸을 이룰지로다"(창 2:24)라고 말씀하셨습니다. 이것은 결혼이란 한 남자와 한 여자의 결합이라는 사실을 정확하게 말씀하신 것입니다. 그러나 인간은 하나님의 말씀을 어기는 것에 더 끌리는 죄성을 가지고 있습니다. 한 명의 아내보다 두 명, 세 명, 여러 명의 아내를 두고 싶어 합니다. 하나님의 말씀에 순종하지 않으면 그에 대한 값을 치르게 되어 있습니다.

아브라함은 하갈과의 관계 때문에 많은 고통을 당했고, 다윗도 아들을 잃는 아픔을 겪어야 했습니다. 신명기 17장 17절에서 하나님은 왕들에게 많은 아내를 두면 마음이 미혹될 것이라고 경고하셨습니다. 가장 좋은 예는 솔로몬왕입니다. 그는 수많은 이방 여자들을 아내로 맞이했는데 나중에는 이들의 영향을 받아 하나님을 저버리고 이방 신을 섬기는 왕으로 타락했습니다. 예수님도 결혼은 한 남자와 한 여자가 하나 되는 것이라고 말씀하셨습니다. 이러한 것으로 볼 때 여러 명의 아내를 두는 것은 하나님의 결혼 계획이 아님을 확실하게 알 수 있습니다.

---

2. 백년 전만 해도 14살에도 결혼을 했다고 들었습니다. 그런데 지금은 대부분 대학 졸업 후 직장을 잡고 어느 정도 안정이 된 후, 대략 20대 후반에서 30대 초반이 되어야 결혼하는 시대이잖아요. 그렇다면 호르몬이 엄청나게 나오는 사춘기 때부터 결혼할 때까지 10년이 넘는 긴 시간을 순결하게 살아야 합니다. 그건 너무 무리한 요구 아닌가요? 옛날에야 일찍 결혼했기 때문에 성적 순결을 지키는

것이 당연하고 또 쉬웠겠지만 지금 시대는 다르다고 생각합니다. 어떻게 생각하시나요?

100~200여 년 전에는 십 대와 성인을 구분해 생각하지 않았습니다. 지금처럼 어릴 때부터 부모가 살뜰히 보살펴 주던 시대도 아니었습니다. 당시 십 대들은 생업을 위해 일해야 했고, 그래서 더 빨리 성숙할 수밖에 없었습니다. 과거에는 14세이면 어른 대접을 받았습니다. 그러니 스스로도 어른처럼 생각하고 책임감 있게 행동했습니다.

만약에 100년 전에 사는 어느 청년이 28세인데도 미성숙하고 책임감 없는 생각과 사고를 가졌다면 모두가 하나같이 입을 모아 "몸만 어른이지 생각은 어린아이와 같구나. 결혼할 준비가 안 되었으니 기다려라" 했을 것입니다. 그렇다고 그에게 28세까지 순결하게 살라는 것은 너무 가혹하니 문란한 삶을 즐기며 살라고 말하지 않았을 것입니다. 이것은 나이나 문화의 문제가 아닙니다. 죄와 타협하느냐 하지 않느냐의 문제입니다. 예전이나 지금이나 순결의 잣대는 동일합니다. 그것은 바로 '말씀'입니다. 결혼 전까지 몸과 생각과 영혼을 순결하게 지켜야 합니다. 그리고 그런 명령을 하신 이유는 하나님을 위한 것이 아닌 우리를 위한 것입니다. 결혼을 통해 최고의 선물을 주기 원하시는 하나님의 마음입니다.

3. 저는 고2 여학생입니다. 부모님은 제가 초등학교 5학년 때 이혼하셨어요. 분명히 서로 사랑했을 텐데, 안 맞다는 이유로 이혼하셨습니다. 저는 지난해 교회 수련회에서 하나님을 만났습니다. 이제 곧 대학에 가서 연애도 하게 될 텐데, 저도 결혼 후에 이혼하게 될까 봐 두렵습니다. 연애하면서 하나님이 보내 주신 결혼 상대자라는 것을 어떻게 알 수 있나요? 저는 끝까지 행복한 결혼생활을 하고 싶어요.

부모님의 이혼으로 가장 큰 충격과 상처를 받는 사람은 자녀라고 생각합니다. 그 동안 많이 힘들었으리라 생각되네요. 부모님의 이혼으로 본인도 이혼할까 봐 염려되는 마음도 충분히 이해합니다. 너무 감사한 것은 학생이 하나님을 인격적으로 만났다는 거예요. 가정 환경이 어떻든 학생의 미래를 책임지시는 하나님이 항상 지켜보고 보호하실 거예요. 오히려 그러한 경험을 했기에 더 행복한 가정, 하나님이 중심인 가정을 만들 수 있습니다.

이 세상에 왜 이렇게 이혼하는 사람이 많을까요? 죄 때문이지요. 결혼은 평생 언약의 관계를 맺는 것입니다. 상대방이 좋은 사람이든 나를 힘들게 하는 사람이든 언약의 관계를 기억하며 하나님 앞에서 서약한 결혼 관계에 끝까지 책임져야 합니다. 이혼에 대해 많은 다른 견해가 있을 수 있지만 우리는 말씀에서 답을 찾아야 합니다. 말라기 2장 16절에 "이스라엘의 하나님 여호와가 이르노니 나는 이혼하는 것과 옷으로 학대를 가리는 자를 미워하노라"라고 했고, 마태복음 19장 6절에 "그러므로 하나님이 짝지어 주신 것을 사람이 나누지 못할지니라 하시니"라고 했습니다. 하나님은 성경을 통해 이혼을 원치 않으심을 정확하게 말씀하시지만, 우리의 죄로 말미암아 이혼하는 사람들이 많이 있음도 알고 계십니다.

하나님이 보내 주신 결혼 상대자를 어떻게 알아볼 수 있을까요? 많은 사람이 오해하는 것이 있습니다. 하나님이 한 사람을 지명하여 꼭꼭 숨겨 놓고 "내가 네 반쪽을 숨겼으니 한번 찾아봐라"라고 하신다고 생각하는 것이지요. 대학교에 가면 많은 사람을 만날 것입니다. 그중에는 '저 사람은 결혼 상대로 좋을 것 같다'는 생각이 드는 사람이 있고, '저런 사람과 결혼하면 불행할 것 같다'는 생각이 드는 사람도 있을 것입니다. 대학처럼 다양한 사람을 만날 수 있는 곳이 없습니다. 그러기에 대학생 때 많은 남성 친구들과 친구로 건전하게 교제하면서 사람을 보는 안목을 넓히라고 조언하고 싶네요.

주위에 많은 남자가 지나갈 것입니다. 안목을 잘 키우세요. 함께 믿음생활을 하고 비슷한 인생의 가치관을 가지고 가정을 꾸릴 수 있는 남자를 택하세요. 좋은 남자를 알아보는 것도 본인의 실력입니다. 물론 기도하면서 남편이 될 사람을 만나야겠지요. 중요한 것은 100점짜리 배우자는 세상에 없다는 것입니다. 다만 10점짜리 남자를 만난다면 90점을 채워 주어야 하기에 많이 힘든 삶을 살 것이고, 60점짜리 남자를 만나면 내가 40점 만 채워 주면 되니 맞추기가 훨씬 수월하겠지요. 10점짜리 남자를 만났다고 이혼하면 안 됩니다. 상대의 부족함을 채워 주며, 돕고 살아야 합니다. 4과에서 배운 "기독교인의 데이트"를 잘 공부하고 미래의 배우자를 위해 항상 기도한다면 분명히 행복한 부부가 될 수 있다고 생각합니다.

독신 · 옷차림

4. 저는 태어날 때부터 기독교 가정에서 자랐습니다. 현재 고등학교 3학년입니다. 요즘 궁금한 것이 생겼습니다. '독신의 은사'입니다. 제게 독신의 은사가 있는 것을 어떻게 알 수 있을까요? 교회에서 친한 대학부 언니가 본인은 독신의 은사가 있기 때문에 결혼하지 않을 거라고 합니다. 특히나 남자랑 살면 할 일도 많아지고 아기 낳으면 몸이 너무 힘들어지는데 왜 결혼하고 싶어 하는지 이해가 안 된다고 합니다. 그 말에 저도 많이 설득되었습니다. 결혼을 안 하면 혼자만의 시간을 즐기며, 교회 섬기는 일도 더 많이 할 수 있지 않을까요? 선교도 언제든 갈 수 있고요. 이런 생각이 든다면 제게도 독신의 은사가 있는 것일까요? 그리고 저는 남자를 그렇게 좋아하는 것 같지 않고 결혼의 로망도 없는 것 같습니다. 저에게 독신의 은사가 있을까요?

우리는 독신의 은사를 이야기할 때 바울이 말한 대목을 떠올립니다. 우선 독신의 은사는 고린도전서 7장 7-9절과 32-24절, 그리고 마태복음 19장 10-12절에서 찾아볼 수 있습니다.

우선 독신의 은사라고 생각하는 동기를 먼저 점검해 봅시다. 대학부 언니의 동기는 어떤가요? 누가 봐도 잘못된 동기라는 것을 알 수 있습니다. 결혼하고 싶지 않은 이유가 온통 '나를 위해서'입니다. 하고 싶은 일은 많고, 반대로 힘들고 고된 일은 하기 싫다는 것은 철저히 개인의 이익을 위한 결정입니다. 그런 결정을 독신의 은사라고 말하는 것은 잘못입니다.

진짜 독신의 은사가 있는 사람은 하나님을 위해 경건하게 자신의 삶을 바치면서 일생을 복음을 위해 기쁘게 헌신합니다. 마태복음 19장 10절에서 제자들이 "만일 사람이 아내에게 이같이 할진대 장가 들지 않는 것이 좋겠나이다"라고 이야기합니다. 그러자 예수님은 "사람마다 이 말을 받지 못하고 오직 타고난 자라야 할지니라"(11절)라고 말씀합니다. '타고난 자' '받을 만한 자'에게 독신의 은사가 있다는 말씀입니다. 본인의 자유로운 성생활을 위해서, 혹은 이기적인 이유로 결혼하지 않는 것은 독신의 은사라고 말할 수 없습니다. 진짜 독신의 은사를 받았다면 예수님의 말씀처럼 자연스럽게 평생 독신으로 살기를 원하는 마음이 생겨야 하는 것입니다. 이성을 봐도 두근거리는 마음이 없고 아무 느낌이 생기지 않습니다.

아울러 고린도전서 7장에 나오는 독신에 대한 말씀은 결혼이 잘못되었다는 말씀이 아닙니다. 하나님의 일에 더 집중할 수 있으니 독신으로 지내는 것이 더 낫다고 하는 말씀입니다. 결혼하면 하나님보다 배우자를 기쁘게 하기 위해, 혹은 자녀를 잘 키우기 위해 온통 관심과 신경이 쏠릴 수 있기 때문입니다. 하지만 대부분의 사람들은 결혼을 합니다. 하나님은 우리가 결혼하여 한 사람과 끝까지 언약을 지키고 서로 사랑하며 하나님을 섬기는 가정을 세우기를 기뻐하십니다. 그리고 결혼의 좋은 점은 성적인 죄를 멀리하며 안정감을 느낄 수 있다는 것입니다. 그래서 한 남자와 한 여자가 만나 결혼 생활을 하거나, 혹은 독신의 은사를 받아서 더욱 온전히 자신의 삶을 하나님께 드리는 것 모두 하나님이 기뻐하시는 선택입니다.

어느 여성 선교사님을 만난 적이 있습니다. 50대 후반 정도의 나이였는데, 20대에 하나님의 부르심으로 지금까지 이스라엘, 인도, 터키 등 열악한 지역에서 복음을 전하고 계셨습니다. 그 모습에 큰 감명을 받았습니다. 독신이어서 가정의 안전이나 자녀 교육의 문제를 생각하지 않고 어디든 하나님의 말씀에 따라 걸음을 옮기는 선교사님의 모습을 보면서 이런 사람이야말로 독신의 은사를 받았다고 할 수 있겠다는 생각이 들었습니다. 독신의 은사는 선물입니다. 본인이 노력한다고 받는 것이 아님을 기억하세요.

5. 중학교 2학년 여학생입니다. 저는 엄마의 잔소리 때문에 숨이 막힙니다. 특히 제가 밖에 나갈 때마다 '바지가 너무 짧고 배꼽이 보이는 건 안 된다. 다시 갈아입고 나와라' 같은 잔소리를 하셔서 예민해집니다. 어떻게 엄마에게 이야기해야 제가 원하는 옷을 입을 수 있을까요? 제가 어떻게 옷을 입든 제 마음이 더 중요하지 않나요? 만약에 남자아이들이 제 몸매를 보고 음흉한 생각을 한다면 그건 그들의 문제 아닌가요? 친구들은 모두 예쁘게 입고 유행을 따라가는데 저만 기독교인이라는 이유로 촌스럽게 입는 것은 너무 불공평하다고 생각합니다.

우리가 살고 있는 문화는 마음속의 가치관보다 겉으로 보이는 것이 중요하다고 끊임없이 메시지를 보내고 있지요. 얼굴도 예뻐야 하고 몸매도 날씬해야 하고 최대한 몸을 노출해야 사람들이 더 좋아한다고 세뇌하고 있습니다. 못생긴 것은 죄라고 공공연하게 이야기하는 것을 볼 때마다 참 마음이 아픕니다. 그래서인지 대부분의 다음 세대 아이들은 최신 유행을 따르고, 화장을 진하게 하면 외모가 더 괜찮아질 거라고 생각하는 것 같습니다. 특히나 사춘기에 들어가면서 몸을 노출하는 것이 더 이목을 끌고 많은 이성이 자기를 좋아해 줄 것이라고 착각합니다. 더 많은 이성에게 칭찬받고 관심받는 것을 목표로 두고 더 과감하게 옷을 입는 친구들도 있습니다.

그러나 우리가 기억해야 할 것은, 첫째, 우리는 모두 하나님의 형상으로 지어진 귀한 존재라는 것입니다. 이 세상의 모든 여자가 똑같이 생기면 얼마나 이상한 세상이 될지 생각해 보세요. 나만의 개성, 지금 이대로의 내 모습을 사랑해 보세요. 그 당당하고 자신감 넘치는 모습이 더욱 매력적으로 느끼게 할 것입니다.

둘째, 내가 어떤 옷을 입었는지에 따라 크리스천으로서 좋은 본보기가 될 수도, 나쁜 본보기가 될 수도 있다는 사실을 기억해야 합니다. 다른 사람들에게 세련되고 매력적으로 보이고 싶은 것은 잘못이 아닙니다. 그런데 그 매력의 종류가 가벼운 것이 아니면 좋겠습니다. 아침마다 거울 앞에 서서 옷을 고르기 전에 이런 생각을 하면 어떨까요? '내가 어떻게 옷을 입는지에 따라 사람들이 나를 어떻게 대하는지가 결정된다.' 그리고 '내가 오늘 입는 옷으로 다른 사람들에게 좋은 본보기가 될 수도, 나쁜 본보기가 될 수도 있다.'

셋째, 단정한 복장과 행동은 순결함을 유지하는 열쇠입니다. 사람을 만날 때 옷차림은 내 첫인상입니다. 옷차림은 그 사람의 가치관, 성품, 성격 등을 드러냅니다. 정숙함을 통해 나를 보호하고 다른 사람으로부터 존중받을 수 있습니다. 정숙함은 하나님의 선물인 성을 존중하고 사적인 영역을 지키며 성적으로 남의 시선을 끌지 않는 것입니다.

넷째, 내 옷차림으로 누군가는 음란한 생각을 할 수 있다는 것을 명심하세요. 나의 옷차림을 보며 음란한 생각을 하는 사람도 문제이지만 그렇게 생각하도록 옷을 입는 사람도 책임이 있다고 생각합니다. 내 옷차림을 보며 다른 사람이 음란한 생각을 하는 것이 좋을까요, 아니면 겉모습이 아닌 진정한 내 모습을 알아가기를 원하나요? 로마서 13장 13-14절에서는 "낮에와 같이 단정히 행하고… 오직 주 예수 그리스도로 옷 입고 정욕을 위하여 육신의 일을 도모하지 말라"고 말씀합니다. 또 골로새서 3장 12-14절에서는 "긍휼과 자비와 겸손과 온유와 오래 참음을 옷 입고… 이 모든 것 위에 사랑을 더하라"고 말씀합니다. 우리의 옷차림은 단정함을 넘어 예수 그리스도와 사랑으로 옷 입는 일이 되어야 합니다.

한 가지 더 이야기한다면 하나님의 성품을 나타내는 인격과 성숙한 믿음을 갖춘 여자는 늘 자신감에 차 있습니다. 억지로 자신을 드러내려고 하지 않지요. 진정한 아름다움을 가진 사람은 겉으로 보이는 아름다움이 아니라 내면의 아름다움을 더 가꾸는 사람입니다.

피임 · 성 · 성폭행

---

6. 창세기 1장 28절에 "생육하고 번성하여 땅에 충만하라"라고 말씀하셨는데 그렇다면 기독교인이 피임하는 것은 죄인가요?

우선 성경에는 피임에 대한 정확한 말씀이 없습니다. 답을 먼저 이야기한다면 결혼한 부부가 임신을 원치 않을 때 하는 대부분의 피임 방법은 죄가 아닙니다. 그리고 하나님은 부부가 자녀를 한 명 낳든 열 명 낳든 그에 대한 선택권을 우리에게 주셨습니다. 부부의 하나 됨은 자녀를 낳는 것뿐 아니라 정신적, 영적으로 하나 되는 것입니다. 하지만 결혼하지 않은 상태에서 자유롭게 성관계를 하기 위해 피임하는 것은 죄입니다. 피임이 쾌락의 도구가 되는 것을 하나님이 기뻐하시지 않습니다. 이는 혼전 성관계가 죄이기 때문입니다.

피임에는 많은 방법들이 있습니다. 성관계 전에 하는 피임 방법도 있지만 성관계 후에 복용하는 사후피임약도 있습니다. 흔히 'Plan B'라고 알려진 울리프리스탈(Ulipristal acetate)과 레보노르게스텔(Levonorgestrel) 같은 약입니다. 이런 약들은 자궁 내벽을 헐거나 이미 착상된 수정란을 죽이는 역할을 합니다. 또한 미프진 혹은 미페프리스톤(Mifepristone)이라고 불리는 약은 정자와 난자가 수정된 후에 영양 공급을 차단해서 자궁과 태아(비록 2주밖에 안 되었어도)를 분리시킵니다. 즉 수술을 받지 않고 엄마 배 속에서 태아를 죽이는 약입니다. 이 약은 임신 14-24주까지 허용되는데, 부작용이 심각합니다. 출혈, 불완전 낙태, 구토, 설사, 발열, 그리고 드물지만 희귀세균 클로스트리디움 소델리(Clostidium sordellii)의 감염증도 올 수 있습니다. 그리고 이 약은 낙태 수술보다 위험성이 네 배 더 강합니다. 미국에서는 현재까지 28명의 여성이 미페프리스톤을 복용한 후 사망한 것으로 보고되었습니다. 이같이 위험한 약을 먹는 것은 본인의 건강도 해칠 뿐 아니라 하나님의 형상으로 만드신 한 생명을 죽이는 일입니다. 그리고 이 세상에 완벽한 피임은 없습니다. 피임약과 피임 도구를 사용해도 임신할 수 있습니다. 피임 도구를 사용하면 임신뿐 아니라 생명을 위협하는 성병도 예방해 안전하다는 생각은 굉장히 위험합니다.

결혼 전 피임은 쾌락을 위한 것이기 때문에 죄입니다. 결혼 후 피임도 어떠한 방법으로 하느냐에 따라 죄가 될 수 있고 아닐 수도 있습니다. 생명의 시작은 수정된 순간부터입니다. 수정 후 태아에게 더해지는 것은 아무것도 없습니다. 태아는 수정 때부터 태어날 때까지 발달 과정을 거칠 뿐입니다. 완전히 발달하지 않았지만 여전히 인간입니다. 의학적으로 본다면 수정 후 18-24일 사이에 심장이 뛰기 시작합니다. 수정 후 45일 후에 뇌파가 감지됩니다. 태아는 지문이 13주에 만들어지기 시작해서 17주에 완성됩니다. 또한 영적으로 보았을 때 시편 139편 13-16절을 통해 하나님이 태아 때부터 얼마나 큰 관심을 가지고 그 생명을 사랑하시는지 알 수 있습니다. 따라서 결혼 후라 하더라도 정자와 난자가 수정된 후에 어떤 방법이든지 피임을 하는 것은 죄입니다.

7. 저는 고등학교 2학년입니다. 남자친구를 사귄 지 6개월이 되었습니다. 소개팅으로 만났는데 너무나 멋진 친구입니다. 교회도 다니고 외모뿐만 아니라 성격도 좋고 공부도 잘합니다. 그래서 그런지 주위에 너무 많은 여자아이들이 제 남자친구에게 관심을 보입니다. 남자친구와 저는 서로 진심으로 사랑합니다. 사실 제가 남자친구를 더 좋아하는 것 같습니다. 함께 있으면 행복하니까요. 이 세상에 그 어느 누구도 제 남자친구처럼 저를 편안하게 해주고 제 걱정을 잘 들어주고 이해해 주는 사람은 없는 것 같아요. 저희는 대학 졸업 후 결혼하자고 약속했습니다. 그런데 고민이 생겼습니다. 얼마 전 남자친구는 어차피 우리가 결혼할 거고 서로 사랑하는 사이이니까 성관계를 하자고 요구했습니다. 제 마음 한쪽에서는 안 된다고 외치고 있지만 또 다른 한편으로는 제가 거절하면 남자친구가 저를 떠날까 너무 걱정되고 불안합니다. 저는 어떻게 해야 할까요?

우선 고등학생인데 남자친구가 있다는 것은 바람직하지 않다고 생각하지만, 이미 남자친구가 있는 상황이라면 신중해야 합니다. 우선 지금 사귀는 남자친구와 대학 졸업 후에 결혼할 가능성은 굉장히 희박합니다. 따라서 '결혼할 것이다'보다는 '결혼하지 않을 가능성이 더 크다'고 생각하면서 교제해야 합니다. 헤어졌을 때 정신적, 육체적, 영적으로 상처입지 않는 선까지만 허용해야 합니다.

남자친구가 아무리 확신에 차서 결혼을 약속한다고 해도 육체적인 관계를 요구한다면 단호하게 거절해야 합니다. 만약 육체적인 순결을 잃어버리고 헤어지게 된다면 어떠한 일이 생길지 미리 생각해 보세요. 잊지 마세요. 미래의 남편에게 주는 가장 큰 선물은 순결입니다. 또한 이 세상에 완벽한 피임은 없으므로 임신 가능성이 있습니다. 고등학생 나이에 임신하게 된다면 어떻게 해야 할까요? 기독교인이라면 낙태가 무엇을 의미하는지 생각해 봐야 합니다. 그리고 남자친구가 성관계를 요구한다는 것은, 그는 처음부터 당신의 성격, 믿음, 성품보다는 육체적인 관계에 더 관심이 있는 것입니다. 우선 '나는 싫다'라는 의사를 밝혔음에도 성관계를 요구한다면 하루빨리 그 관계를 정리해야 합니다. 자신의 쾌락을 위해 상대방의 순결의 기준을 타협하라고 요구하는 것은 굉장히 이기적인 행동입니다. 진심으로 사랑한다면 상대방의 의견을 존중하고 배려해야 합니다.

한 가지 더 이야기한다면, 이러한 이유들 때문에 데이트는 경제적으로 정신적으로 육체적으로 부모님에게서 독립할 수 있을 때 하는 것이 가장 바람직합니다.

---

8. 저는 중학교 3학년이에요. 제가 어렸을 때부터 부모님은 맞벌이를 하셔서 항상 바쁘셨죠. 그리고 제가 어릴 때부터 우리 집에서 삼촌이 같이 살았습니다. 삼촌은 제가 어렸을 때 많이 놀아주고 저를 아주 많이 예뻐했다고 엄마는 종종 이야기해요. 그런데 저에게 큰 고민이 하나 있어요. 누구에게도 이야기하지 않은 고민이에요. 몇 살

이었는지 정확히 기억나지 않지만 제가 어렸을 때 집에서 삼촌과 의사 놀이를 했는데, 지금 생각해 보면 의사 놀이가 아닌 성추행이었어요. 삼촌은 내 몸을 많이 만지고 부모님에게 얘기하지 말라고 했죠. 그리고 제가 초등학교 5학년 때 삼촌에게 성폭행을 당했어요. 너무 무섭고 화나고 제가 너무 싫어요. 순결을 잃어버렸다는 것을 그때는 몰랐던 것 같아요. 지금 부모님께 이야기해 봤자 삼촌과 부모님 사이만 나빠질 것 같고요. 그런데 자꾸 그 일을 생각하면 화가 나고 우울해요. 저는 어떻게 해야 하나요?

우선 이런 힘든 이야기를 솔직하게 말해 주어서 참으로 고맙습니다. 또한 혼자서 어린 나이에 얼마나 끙끙 앓으며 힘들었을까 생각하니 참으로 마음이 아픕니다. 우선 순결에 관한 이야기를 해주고 싶네요. 순결을 잃어버렸다는 것은 본인의 의지로 다른 사람과 성적으로 즐기자고 선택한 것입니다. 하지만 성추행이나 성폭행을 당한 것은 본인의 의지가 아니기 때문에 순결을 잃어버렸다고 말할 수 없습니다. 순결은 육체적인 순결만이 아니라 정신적, 영적 순결을 다 포함해서 생각해야 하는 것이지요.

많은 학생이 고민 상담에 어릴 때 의사 놀이를 하면서 성추행 당한 이야기를 많이 합니다. 그래서 어릴 때 의사 놀이를 하더라도 부모 앞에서 해야 하고, 당연히 옷을 입고 해야 합니다. 참고로 제가 부모님들에게 세미나를 할 때는 아예 의사 놀이를 하지 않도록 권합니다.

부모님과 삼촌과의 관계까지 생각하는 배려 깊은 마음을 가진 학생으로서는 쉽지 않겠지만, 가장 현명한 방법은 지금이라도 부모님께 삼촌과 있었던 일을 진실하게 이야기해야 한다는 것입니다. 이야기를 더하지도, 빼지도 말고 있는 그대로 솔직히 이야기하세요. 그 이유는 첫째, 삼촌을 통해 더 많은 희생자가 나오지 않게 하기 위함입니다. 삼촌이 어린 조카를 성폭행했다면 다른 사람에게도 충분히 그럴 수 있습니다. 둘째, 지금이라도 삼촌은 그가 했던 일에 대한 합당한 처벌을 받아야 합니다. 물론 진심이 담긴 사과도 받아야 합니다. 그리고 학생은 하나님의 사랑으로 삼촌을 용서할 수 있는 마음을 달라고 기도해야 합니다. 마음속에 있는 증오와 미움은 본인의 몸, 마음, 그리고 영혼을 헤칩니다. 하나님이 마음과 영혼을 만져 주시면 학생은 완전히 새로운 피조물로 거듭남을 경험하게 되고, 다른 비슷한 상처가 있는 사람들을 위해 쓰임 받을 수 있는 멋진 하나님의 자녀가 될 것임을 확신합니다.

자위 · 음담패설 · 피임

---

9. 성경에 자위가 죄라고 써 있나요? 자위를 하게 되면 지옥에 가게 될까요? 교회 갈 때마다 이러한 생각이 저를 너무 힘들게 합니다. 저는 샤워를 하고 침대에 누우면 자위 생각이 나고 절제하기가 힘듭니다. 그동안 많이 노력해 봤지만 계속 무너지고 맙니다. 이런 한심한

제 자신을 보면서 한편으로는 인간을 하나님이 만드셨으니 사춘기 시기에 엄청나게 나오는 호르몬으로 인한 남자들의 성욕을 이해하시지 않을까 하는 생각이 듭니다. 지금 저는 중학생이기 때문에 결혼을 할 수도 없는데, 그렇다면 어떠한 대안을 주셔야 하지 않을까요? 저는 그것이 자위라고 생각합니다. 제가 잘못된 것일까요?

자위는 쾌감을 얻기 위해 자신의 몸을 만지는 행위입니다. 많은 사람이 '자위는 다른 사람과 상관이 없으니 괜찮은 게 아닌가?'라고 생각합니다. 사실 성경에는 정확하게 자위가 죄라고 말씀하신 곳이 없습니다. 하지만 자위는 하나님이 만드신 성의 목적에 어긋난 행동입니다. 하나님은 결혼을 통해 두 남녀가 친밀해지고 하나가 되는 경험을 하게 하려고 성을 선물하셨습니다. 따라서 성적 만족은 부부관계에서만 얻어야 합니다.

그런데 자위는 나 중심적인 방법으로 성적 만족을 얻는 것입니다. 게다가 자위는 할 때마다 강력한 신경 화학 물질들이 몸에서 나오기 때문에 습관이 될 수 있습니다. 지속적인 자위는 하나님과 멀어지게 합니다. 사춘기 때부터 자위를 하다가 결혼하게 되었다고 갑자기 끊어지는 것도 아닙니다. 그동안 쌓아온 자위 습관으로 부부 관계에서도 자기중심적인 성생활을 할 수 있습니다. 하나님은 결혼의 최고 선물 중에 하나로 성을 누리도록 주셨는데 자위 때문에 부부 사이에 갈등이 생기게 되는 것입니다.

성경에서는 자위에 대해 정확하게 언급하지 않지만 예수님이 간음의 정의를 말씀하신 것을 보면 자위와 연결하지 않을 수가 없습니다. 왜냐하면 대부분의 자위는 깨끗한 마음을 가지고 하기가 힘들기 때문입니다. 자위를 하기 전에 먼저 생각으로 죄를 음미합니다. 혹은 포르노를 보거나 음란한 생각을 하면서 자위를 합니다. 즉 자위를 위해 눈과 상상력으로 죄를 짓는 것입니다. 예수님은 "음욕을 품고 여자를 보는 자마다 마음에 이미 간음하였느니라"(마 5:28)라고 말씀하십니다. 그런데 대부분의 사람이 자위를 할 때 음란물을 보거나 음란한 생각을 하는 행동이 동반되는데도 그것이 죄인지 아닌지 저울질합니다.

근본적으로 자위는 우리의 죄성 때문에 생긴 것입니다. 사람은 태어날 때부터 죄성을 가지고 있기 때문에 죽을 때까지 거짓말을 한 번도 하지 않는 것은 거의 불가능합니다. 모든 사람이 거짓말을 하니까 거짓말은 죄가 아니라고 말할 수 없습니다. 하지만 거짓말을 습관적으로 하던 사람도 예수님이 그 마음에 들어오시면 거짓말할 때마다 불편한 마음이 생깁니다. 그러다 보면 어느 순간 거짓말을 줄이려고 노력하겠지요. 그러다 보면 진실을 이야기하는 사람이 될 수 있습니다. 자위도 마찬가지입니다. 성령님의 말씀에 순종하면 성욕이 나를 다스리는 것이 아니라 내가 음란함을 다스리는 사람이 될 수 있습니다.

그러면 자위를 줄이기 위해 어떻게 노력해 볼 수 있을까요? 먼저는 성적으로 자극을 주는 일을 피해야 합니다. 샤워할 때

찬양을 크게 틀어 놓고 따라 부르세요. 그리고 침대에 누웠을 때도 성경을 먼저 읽고 누울 것을 권합니다. 청소년기에는 호르몬의 분비가 아주 왕성하기 때문에 가만히 앉아서 컴퓨터를 하기 보다는 밖에 나가서 온몸에 땀이 나도록 취미활동이나 스포츠 활동을 즐길 것을 권합니다.

물론 자위는 죄이지만, 그렇다고 이런 행위 때문에 죄책감에 매여 사는 것은 하나님이 원치 않으십니다. 왜냐하면 사탄이 그 수치심을 이용하기 때문입니다. 사탄은 계속해서 내 죄를 건드리면서 매일 하나님께 가까이 가는 것을 막고 비참하게 살도록 합니다. 그것이 사탄의 최고 무기이기 때문입니다. 우리는 구원을 받았지만 완전히 성화된 존재가 아닙니다. 따라서 우리는 하나님 나라에 가는 그날까지 죄와 싸워야 합니다. 그리고 어떠한 죄든지 하나님 앞으로 가지고 가면 하나님은 용서해 주십니다. 남자들은 대부분 자위를 하기 때문에 괜찮다고 합리화해서도 안 되지만, 그 행위로 인하여 절망하고 수치스러워하며 하나님과 멀어지는 것은 더 큰 문제입니다.

---

10. 저는 고등학교 1학년입니다. 중학교 때까지는 친구가 없었지만 고등학교에 와서는 친구들이 생겨서 외롭지 않습니다. 요즘 고민이 생겼습니다. 친구들이 음담패설을 할 때 듣기만 해도 죄인가요? 저는 같이 음담패설을 하지는 않습니다. 하지만 제가 만약에 기독교인이라는 이유로 친구들과의 대화에서 빠진다면 저는 또 혼자가

될 것입니다. 외로움은 이미 중학교 때 경험했기 때문에 친구를 잃어버리는 것이 너무 싫습니다. 하나님도 제가 외로움을 얼마나 두려워하는지 아실 텐데 이 상황에서 저는 어떻게 해야 하나요? 저는 친구들을 잃고 싶지 않습니다.

사춘기에는 무엇보다 친구를 중요하게 여깁니다. 인생에서 엄청난 호르몬이 나오는 시기가 두 번 있는데 바로 유아기와 사춘기이지요. 유아기에는 엄마와 유대감을 가지게 됩니다. 그래서 이때 아이들은 엄마와 떨어지면 죽을 것만 같은 두려움을 느끼고, 아침에 유치원에 들어가는 것조차 두려워 문 앞에서 실랑이하곤 합니다. 사춘기에는 유아기보다 훨씬 더 많은 호르몬이 나오는데, 이때 유대감은 부모님이 아니라 친구들과 갖게 됩니다. 그래서 친구들에게 인정받고 싶고 친구 무리에 속하고 싶다는 갈망이 생기는 것입니다. 그런데 이러한 호르몬으로 인한 혼동과 유대감도 사춘기가 끝나갈 때쯤 되면 다시 제자리로 돌아옵니다. 따라서 시간이 지나면 지금처럼 친구가 전부가 아닌 날이 오게 되어 있습니다.

중요한 것은, 기독교인으로서 음담패설을 듣는 것이 죄라는 사실입니다. 바울은 "음행과 온갖 더러운 것과 탐욕은 너희 중에서 그 이름조차도 부르지 말라 이는 성도에게 마땅한 바니라"(엡 5:3)라고 했습니다. "이름조차도 부르지 말라"는 말은 입으로 음란한 이야기를 하지 말라는 것입니다. 그리고 음란한 대화를 듣는 것은 내 생각 속에 음란한 것을 집어넣는 일입니다. 우리는 죄인이기 때문에 음란한 생각들이 머리에 들어오면 상상의 날개를 펴게 됩니다. 그리고 언젠가는 행동으로 옮기게 될 가능성이 많아집니다. 대부분 포르노의 유혹을 뿌리치지 못할 가능성이 많습니다.

하나님은 금 그릇, 은 그릇이 아닌 깨끗한 그릇을 쓰십니다. 생각과 마음, 입술을 정결하게 해야 합니다. 이렇게 해보면 어떨까요? 친구들과 지내다가 음담패설이 나오기 시작하면 그 자리를 조용히 뜨는 것입니다. 계속해서 그러면 친구들이 물어볼 수 있습니다. 그럴 때는 지혜롭게 그러한 이야기가 좀 불편하다고 이야기해 봐도 좋겠지요. 아니면 음란한 내용이 나오려고 할 때마다 본인이 적극적으로 대화의 주제를 다른 방향으로 바꿔도 좋습니다. 가장 좋은 방법은 친구들에게 좋은 영향력을 주어서 하나님께 인도하는 것입니다. 하나님께 기도해 보세요. 알고 보니 기독교인인 걸 숨기고 있다가 학생의 행동에 도전을 받고 힘을 합쳐 줄 조력자가 나타날 수도 있습니다. 아무리 노력해도 친구들이 바뀌지 않고 계속 음란한 농담들을 주고받는다면 그 그룹에서 나와야 합니다. 분명히 하나님은 진실한 친구를 주실 거라 생각합니다.

2

Purity

Biblical Sex Education for
Grades 6-12
A 6-Week Guide

Prologue

Welcome and blessings to all junior high and high school students embarking on the PURITY Biblical Sex Education journey. Over the course of six weeks, we hope you will come to understand the four critical principles of sexuality education. As you explore the fundamental truths of the Bible, our wish for you is not only to gain knowledge but also to lay the groundwork for forming beautiful families in the future.

Firstly, God gave the blessing and command to "be fruitful and multiply." The Bible explains the purpose of why God created men and women differently. God created men and women differently not to separate them, but to unite them. The Bible teaches that the essence of sexuality, as revealed in God's Word, is the oneness of the husband and wife, the preciousness of life, the beauty of a home and church, the extension of the Kingdom of God through the transmission of faith to the next generation, and the mystery of God's creation. We are designed to communicate with God and to desire relationships. Those who, through faith, experience oneness with God and oneness in marriage are considered among the happiest in the world.

Secondly, through the process of creating life, we can witness the greatness of God. The passage from Psalm 139:13-14 says: "For you formed my inward parts; you knitted me together in my mother's womb. I praise you, for I am fearfully and wonderfully made. Wonderful are your works; my soul knows it very well." From the moment of conception in the mother's womb, God shows special interest and care for the unborn, as revealed through the Scriptures. Failing to consider the pre-born baby as a life created by God often comes from the belief that it is part of the mother's possession inside the body, rather than recognizing it as a distinct independent person. However, life begins not at birth but at the moment of conception. Nothing is added to the pre-born baby after conception; it simply undergoes a developmental process from that moment until its birth. Therefore, while not fully developed, the pre-born baby is already a complete human being.

Thirdly, a man of faith will encounter a mature and virtuous woman. A mature wife, a wise wife, a God-fearing wife, or a husband who loves his wife, the head of the household, a sacrificial husband, and a husband who builds the family through the Word—these qualities are not developed overnight. Training is necessary to become godly women and godly men. Since we are born with sin, we tend to choose evil when faced with the choice between good and evil. Satan distorts and creates a distorted view of sexuality, leading our eyes and hearts towards chaotic sexual relationships, self-satisfying sexuality, and exciting sex. Therefore, to become a godly man or a godly woman, training is essential. Training for holiness, training of the mind, training ourselves with the Word of God, training in honesty, training of tongue, training in seeking the Kingdom of God first, training in speaking wisely, training in cultivating true inner beauty, training in humility, and training in serving God—through these forms of training, you will become wonderful men of faith and beautiful, virtuous women, creating a beautiful family.

Fourthly, for a happy marriage, dating should be approached very carefully. Dating that pleases God involves sacrificing for each other, understanding, and being considerate. Through dating, faith should mature, and individuals should strive to become better people. It involves believing that our bodies are temples of God and engaging in disciplined, pure dating.

Lastly, God commands His children to be holy and pure. God wants us to live in pursuit of holiness and purity as we are His children. Satan knows right away when we, God's children, lose holiness, meaning we lose our spiritual authority. On the contrary, Satan cannot do anything but fear us when we mobilize ourselves with holiness and purity. When God created man and woman, He established the framework of marriage for them to experience the joy of sex. God desired the intimacy of sex to be enjoyed within the lifelong satisfaction and happiness of marriage rather than providing temporary pleasure. It is necessary for a man and a woman to maintain purity and commit to each other wholeheartedly to experience the highest satisfaction in marriage.

Through this 6-week Biblical sex education course and the purity commitment ceremony, I hope it becomes a journey to find the real diamond that God has prepared. I hope that in the future, they may establish a home of faith and live a life that glorifies God, becoming a blessed generation.

January 2025

Jinah Yi (President of Protect Next Generation)

LESSON ONE:
In His Image:
The Creation of Man and Woman

God made us male and female with a purpose. He loved us so much that He wanted many of His image-bearers to have fellowship with Him, which is why He gave Adam and Eve the blessing command to "be fruitful and multiply." But sin broke the relationship with God, marred the image of God, and destroyed the relationship between a man and a woman who loved each other. Seeing the world destroyed by sin, God sent Jesus to restore all things again. He wants to restore God's original design by renewing our relationship with Him, bringing back His image, and uniting man and woman together in love through marriage.

MAIN TOPICS

1. God created male and female in His image, and we are different from animals.
2. God created male and female separately.
3. God's purpose for sex in marriage.

MEMORY VERSE

"So God created mankind in his own image, in the image of God he created them; male and female he created them." (Genesis 1:27)

Getting-to-Know-You

- What book, movie or show have you seen/read recently you would recommend? Why?
- If you could ask God to change one problem in the world today, what would you like him to change?
- If you could talk to any one person now living, who would it be and why?
- If you could have an endless supply of any food, what would you get?
- If you could go anywhere in the world, where would you go and why?
- If your house was burning down, what three objects would you try and why?
- Name one thing you really like about yourself.
- If you could choose to do anything for a day, what would it be?
- If you could only eat one meal for the rest of your life, what would it be?
- If you HAD to give up one of your senses(hearing, seeing, feeling, smelling, tasting)which would it be and why?
- If you were an animal, what would you be and why?

- What's the longest you've gone without sleep (and why)?
- Do you have a pet? If not, what sort of pet would you like?
- Name a gift you will never forget.
- What is the ideal dream job for you?
- What is the hardest thing you have ever done?
- What are your favorite hobbies?
- What is your biggest fear?
- What is the first thing that comes to mind when you think about God?
- What's the weirdest thing you've ever eaten?
- If you could ask God to change one problem in the world today, what would you like him to change?
- What are your pet peeves?
- Tell us about a unique or quirky habit of yours.
- Tell us the first memory of your life. Also, the most embarrassing memory.
- What is one goal you'd like to accomplish during your lifetime?

1. What is the difference between sex and gender?

Sex refers to the different reproductive body parts between males and females. Nowadays, the term "gender" is commonly used, and it is closer in meaning to the concept of "gender roles." Consequently, even if someone has a male body, they can refer to themselves as "female" if they identify as "female". The term "transgender" is used mainly to refer to those who underwent gender transition surgery in the past, but now it is also used for people whose bodies are male but identify themselves as female. Similarly, if someone has a female body but lives identifying as male and takes on male roles are also referred to as transgender.

Therefore, on International Travel Documents that used to indicate 'sex', the term is now 'gender'. This allows a male to indicate as a female and a female to indicate as a male. In elementary schools in the United States, the concept of 'gender-fluid' is being taught. It means that a person could identify as a woman in the morning, non-binary at lunch, and a lesbian in the evening.

When God created us as either female or male, He had a purpose in mind. Just as Satan tempted Eve in the Garden of Eden, he continues to ask us the same questions today.

"Why did God decide your sex? Is the gender God gave you really authentic? It might not be. You should experiment to find out if you are a man or a woman. Test yourself! Your gender is something you decide. You are the owner of your body, and only you know your true self. That is why doctors and parents should not determine whether someone is a male or female at birth based solely on their reproductive organs,"

Let's explore the difference between the sex God created and the gender concepts shaped by society.

2. God created us in His own image. How are we different from animals?

① We received the ______________ from God (Ecclesiastes 12:7). Animals only have flesh and NO spirit.

② We can __________________ with God (Jeremiah 29:12). We can communicate with God through prayers because we are spiritual beings.

③ We have ________________ (Matthew 22:37). We are not robots, so we can choose to love God.

④ We are created for His __________ (Psalm 57:2). We are not living meaningless lives but living with the purpose that God has given us.

⑤ We are __________ beings (John 3:16). If we believe in Jesus, we will live in Heaven forever.

Small Group Bible Study

✚ Read Genesis 1:24-2:25 for questions.

1. In verses 26-27, in whose image were we created?

2. From verses 28-29, what did God command us to do?

3. What is the meaning of the command to "be fruitful and multiply and fill the earth"?

4. Who designed marriage? (Genesis 2:18, 24)

5. What did God say after He created male and female? (Genesis 1:31)

6. Why did God create sex? God made males and females with separate reproductive systems. What do you think was His

purpose?

Read the following Bible verses, and find the answers:

1) ____________ (Genesis 1:28)

Be fruitful and increase in number. Genesis 1:28 says, "Be fruitful and multiply." This is a command from God. 'Be fruitful' means to bear fruit, and 'multiply' means to increase gradually. God commanded us to multiply in numbers and create our own families that He will bless. God made men and women so that they may continue to bear children who have the image of God and increase in numbers.

2) ____________ (Genesis 2:24-25)

Unity means that men and women become one spiritually, physically, and mentally. God created humans to have a natural desire for relationships with each other. He designed males to be strongly attracted to females and females to males. Marriage is the only context that God gave us to fulfill that desire. Genesis 2:24 states, "Therefore a man shall leave his father and his mother and hold fast to his wife, and they shall become one flesh." A husband and wife experience intimate unity and this unity helps understand being in unity with God.

Another reason for being united in oneness is to understand the union between Jesus, the groom, and us, the bride. We come to understand through experiencing how much Jesus loves the church, and wants to be one with us. The phrase 'I in you, and you in me' reflects the analogy of the vine and its branches. Just like that analogy, we can experience true joy when we unite in oneness with Jesus intimately just like how we unite in oneness as a husband and wife.

3) ___________ (Proverbs 5:18-19)

Marriage life is fun. The process of having a baby is fun and enjoyable. The passage above talks about a husband being satisfied by the body of his wife. God has provided many ways for a husband and a wife to live in unity. Through living in one household, men and women are able to communicate and express their love towards each other in different ways. The natural attraction God designed in the hearts of males and females can be fulfilled by marriage.

Discussion

1. God created man and woman and commanded them to be fruitful and multiply. With sin entering the world, we started to think negatively about marriage and having children. Let us discuss why some people think negatively about marriage and having children.

2. As Christians, how should we perceive marriage and pregnancy?

LESSON ONE HOMEWORK

1. Read "Sex & the New You" for Jr. High students and "Every Young Man's /Woman's Battle" for High School students by next week's book discussion.

2. Remember to watch the movie *Courageous* with your family. Then write your response on the given review sheet and turn it in by NEXT WEEK.

Time To Read (Jr. High)

Book: "Sex & the New You"

Boys

"Sex & the New You" for boys (Concordia Publishing House)

Ch. 1 You've Heard and You've Wondered

Ch. 2 You're a Special Young Man!

Ch. 3 Sex is More Than Body Parts

Girls

"Sex & the New You" for girls (Concordia Publishing House)

Ch. 1 You've Heard and You've Wondered

Ch. 2 You're a Special Young Woman!

Ch. 3 Sex is More Than Body Parts

As you read the book "Sex and the New you", write down any new insights or questions that arise.

Time To Read (High School)

Book: "Every young man's battle" by Stephen Arterburn(Boys)

"Every young woman's battle" by Shannon Ethridge & Stephen Arterburn (Girls)

Boys

"Every young man's battle" by Stephen Arterburn

Part I Where Are We?

Part II How We Got Here

Girls

"Every young woman's battle" by Shannon Ethridge & Stephen Arterburn

Part I Understanding Our Battle

Part II Avoiding Self-Destruction

As you read the book "Every young man's battle or Every young woman's battle", write down any new insights or questions that arise.

Plus activity

Family Movie Time

Name: __________ Date: ________________

Movie Title: *Courageous*

- Please watch and discuss this movie with your parents and answer the following questions:

1. Who did you watch the movie with in your family?

2. What questions did you ask your parents after watching the movie?

3. What message did God give you through the movie?

4. What part of the movie can you apply to yourself today?

5. What was the most memorable scene from the movie?

Note) Watching movies is optional.

LESSON TWO:
Wonderfully and Fearfully Made: The Wonder of Our Creation

Is a pre-born baby at 4-5 weeks considered a life or simply a blob of tissue in the mother's organ? The pre-born baby in the mother's womb is not a part of the mother's organ; it is a completely distinct being with its own life and personality since conception. The Bible says that every pre-born baby is a precious life that bears the image of God. However, the world debates whether or not a pre-born baby up to a few weeks is a person. It is the Word of God that is above all laws in this world. God made us wonderfully and knew and loved us even while we were in our mother's womb.

MAIN TOPICS

1. God made us wonderful by giving us a spirit.
2. God made us so that we can communicate with Him.
3. God planned our future when each of us was a single cell in the womb.

MEMORY VERSE

"I praise you because I am fearfully and wonderfully made; your works are wonderful. I know that full well." (Psalm 139:14)

Lecture "Wonderfully and Fearfully Made: The Wonder of Our Creation"

Note) Touch each of the seeds, vegetables, and fruits that are prepared for the Lecture.

God said He knew Jeremiah even before he was formed in the womb(Jeremiah 1:5). He set him apart to be a prophet to the nations before he came forth from the womb. This means God knew Jeremiah even before his birth. Then how precious does God think of a pre-born baby? John the Baptist, prophesied by the prophet Malachi 400 years before his birth, is another example. God has profound interest and concern for each and every one of us.

Preborn-baby development by week

4th week	The pre-born baby is as small as a ________. At this stage, it is divided into two layers and it is barely visible. However, the development of internal _________ and the determination of which parts will become _________ are underway.

5th week	It becomes the size of a ________. At this point, it is divided into three layers. For instance, one layer includes the liver,bladder, pancreas, and lungs; another layer includes muscles, the heart, kidneys, lymph, and blood. The last layer includes a head, skin, nails, eyes, nose, ears, brain, and more. It is still very tiny but it has all the necessary information and is getting ready to form and develop. An ________ begins to form.
8th week	The pre-born baby becomes the size of a ______. The pre-born baby starts to develop ________ and a _______ system. The hands grow longer to get closer to the ______and the knees start to develop. If the baby is a boy, his penis will begin to form at around the 9th week.
14th week	The pre-born baby becomes the size of a _____. During this stage, _____ start to develop. If the pre-born baby is female, the ovaries with _____start to form. About ________ eggs get ovulated during a woman's lifetime. The size of the pre-born baby's head is about ______ of its body.
21st week	The pre-born baby becomes the size of a _____. Around the 20th week, the pre-born baby starts to _____, so the pre-born baby can hear when a mom reads books or the Bible and prays. This is around the time that the _____ start to form.
27th week	The pre-born baby becomes the size of a _____.

Around this time, the head begins to grow and the pre-born baby starts to breathe through its mouth. It is not actually breathing yet. The pre-born baby breathes through the umbilical cord but it is practicing breathing through the mouth to prepare its ______. So after birth, the pre-born baby is ready to breathe outside the mother's womb. Around this stage, the pre-born baby is sensitive to ______, reacting by kicking and moving. Luke 1:41-43 says when Mary, the mother of Jesus, visited Elizabeth, the mother of John the Baptist, John leaped for joy in Elizabeth's womb upon hearing Mary's greeting. We can see that babies experience __________, such as joy, and have a sense of his/her ________. By the 27th week, the pre-born baby has a routine schedule of sleeping at night and waking up in the morning.

31st week	The pre-born baby becomes the size of a ______. The pre-born baby can turn his/her head, arms, and legs. Around this time, the pre-born baby has a lot of _____________.
35th week	The pre-born baby becomes the size of a ______. Most basic __________________ is now almost complete.
40th week	It becomes the size of a ____________. The baby's head is covered with hair and the head is positioned __________in preparation for birth. If the baby's head does not position downward, it can pose a significant risk during childbirth. It is a remarkable and wondrous event that the baby

knows the birth is coming soon and it changes its body position.

NOTE)
Unlike some people today who believe that the baby inside a mother's womb is just a blob of tissue that can be thrown away whenever they want, the writers of the Bible saw the unborn baby as a real child in every way - just like a newborn baby. So, it's not just a bunch of cells but an actual child growing in the mother's womb.

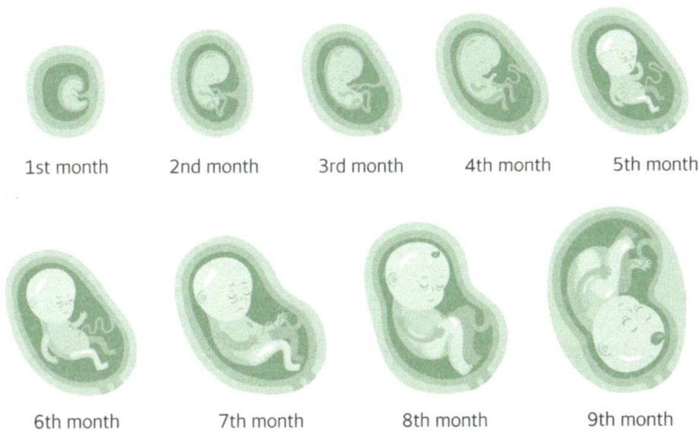

"Think Deeper" Debate

1. Do you think a baby in the womb has a spirit?

"For you created my inmost being; you knit me together in my mother's womb." (Psalm 139:13)

"Before I formed you in the womb I knew you, before you were born I set you apart; I appointed you as a prophet to the nations." (Jeremiah 1:5)

"You clothed me with skin and flesh, and knit me together with bones and sinews. You have granted me life and steadfast love." (Job 10:11-12)

◆ God knew us even before we were made into an embryo. He knew us from the time we were in the womb and had a wonderful plan for us.

2. If a 3-week-old baby dies in the mother's womb, would the baby go to heaven or hell?(Choose between options 1 and 2)

Option #1 The baby goes to hell because he / she did not repent his / her sins and did not accept Jesus as his / her Savior. Salvation is found in no one else, for there is no other name under heaven given to mankind by which we must be saved. (Acts 4:12)

He then brought them out and asked, "Sirs, what must I do to be saved?" They replied, "Believe in the Lord Jesus, and you will be saved—you and your household." (Acts 16:30-31)

Jesus answered, "I am the way and the truth and the life. No one comes to the Father except through me." (John 14:6)

Option #2 Babies in the womb cannot act or make decisions. They do not have the choice to act. We believe that God would save those babies not by their innocence but by His grace.

And the little ones that you said would be taken captive, your children who do not yet know good from bad—they will enter the land. I will give it to them and they will take possession of it. (Deuteronomy 1:39)

Let the little children come to me, and do not hinder them, for the kingdom of God belongs to such as these.(Mark 10:14)

But now that he is dead, why should I go on fasting? Can I bring him back again? I will go to him, but he will not return to me.(2 Samuel 12;23)

But because of his great love for us, God, who is rich in mercy, made us alive with Christ even when we were dead in transgressions—it is by grace you have been saved. (Ephesians 2:4-5)

3. Is abortion a woman's right?

Learning About Pregnancy Symptoms

Pregnancy Symptoms: A Month-by-Month Guide

Reflect on the incredible journey your mom went through during her pregnancy. This table outlines the common symptoms she may have experienced each month, showcasing her strength and perseverance.

PREGNANCY SYMPTOMS	
1st month	Fatigue, increased need to urinate, and possibly a mild fever.
2nd month	Feelings of heartburn, indigestion, and breast tenderness.
3rd month	Occasional dizziness, the development of stretch marks, and nausea.
4th month	A noticeable increase in appetite or specific food cravings, along with weight gain.
5th month	Bloating, constipation, and continued changes in appetite.
6th month	Lower back pain and swelling in the hands and feet as the body adjusts.
7th month	Muscle cramps in the feet and legs.

8th month	Shortness of breath and difficulty finding a comfortable sleeping position.

Remembering these symptoms can help us appreciate the remarkable process of bringing new life into the world and the incredible role mothers play in nurturing that life from the very start.

Letter to Parents

Write a special thank-you letter to your mom and dad. Think about all the ways they took care of you before you were born and when you were a baby and tell them how much you appreciate it.

LESSON TWO HOMEWORK QUESTIONS

1. Type "5 Love Language Test" on Google and take the test online. Find out what your own love language is and what your parents' love languages are as well (required for Lesson 3)

5 Love Language Test ▸

2. Read "Sex & the New You" for Jr. High students and "Every Young Man's /Woman's Battle" for High School students by next week's book discussion.

3. Remember to watch the movie *Fireproof* with your family. Then write your response on the given review sheet and turn it in by NEXT WEEK.

Time To Read (Jr. High)

Book: "Sex & the New You"

Boys

"Sex & the New You" for boys (Concordia Publishing House)

Ch. 4 Men and Women are Different, Aren't They?

Ch. 5 Is Sex a Secret?

Ch. 6 You're Changing into a New You

Girls

"Sex & the New You" for girls (Concordia Publishing House)

Ch. 4 Men and Women are Different, Aren't They?

Ch. 5 Is Sex a Secret?

Ch. 6 You're Changing into a New You

As you read the book "Sex and the New you", write down any new insights or questions that arise.

Time To Read (High School)

Book: "Every young man's battle" by Stephen Arterburn(Boys)

"Every young woman's battle" by Shannon Ethridge & Stephen Arterburn (Girls)

Boys

"Every young man's battle" by Stephen Arterburn

Part III Choosing Authentic Manhood

Part IV Masturbation

Girls

"Every young woman's battle" by Shannon Ethridge & Stephen Arterburn

Part III Avoiding the Destruction of Others

Part IV Guarding Your Mind

As you read the book "Every young man's battle or Every young woman's battle", write down any new insights or questions that arise.

Plus activity

Family Movie Time

Name: __________ Date: ________________

Movie Title: *Fireproof*

- Please watch and discuss this movie with your parents and answer the following questions:

1. Who did you watch the movie with in your family?

2. What questions did you ask your parents after watching the movie?

3. What message did God give you through the movie?

4. What part of the movie can you apply to yourself today?

5. What was the most memorable scene from the movie?

Note) Watching movies is optional.

LESSON THREE:
Cultivating Virtue: The Path to Godliness for Men and Women

From the moment of conception, we experience physical changes throughout our lives and into old age. Especially during puberty, you will experience many changes as you transition from child to adult. While physical development is important, it is even more important that you become mature Christians, resembling the character of God. Just because you are physically developed as an adult does not mean that you will become a godly man or woman overnight. That is why training is necessary.

MAIN TOPICS

1. We need training to become godly men and women.
2. Godly man meets godly woman.
3. Godly woman meets godly man.

MEMORY VERSE

Boys: "Be on your guard; stand firm in the faith; be courageous; be strong. Do everything in love." (1 Corinthians 16:13-14)

Girls: "Charm is deceptive, and beauty is fleeting; but a woman who fears the LORD is to be praised." (Proverbs 31:30)

Who are godly men and women?

The nature of God includes holiness, mercy, love, forgiveness, honesty, wisdom, protection, equality, faithfulness, and countless other qualities. When God, possessing perfect qualities, created man and woman, He did not give them all these attributes. Instead, He distributed masculinity and femininity to men and women, each possessing its own characteristics. When a man and a woman unite, they can experience the completeness of God; however, when sin enters, it damages the image of God in them.

Therefore, through our faith in Jesus Christ, we should gradually learn about the perfect nature of God and go through the process of sanctification. We cannot be completely transformed into perfection because of our sins, but through faith in Jesus, we need to try to resemble the characters of God. Then what kind of a person is a godly man and a woman? To be such a person, how should you get trained? You don't transform into a godly man or a woman overnight when you turn twenty years old. Even with age and a long history of attending church, you can still become a selfish, arrogant, and immature person. Therefore, training is essential.

God's children need to manage and develop the talents, time, and health given by God so that they can be used for God's purpose. If we live by our own desires, then we cannot be a godly man and a woman. Even though we are Christians, if we lived a life of our own desires, we would face God's judgment for what we did. A woman who meets an untrained man is likely to be unhappy, and likewise, a man who meets an untrained woman is also likely to be unhappy.

The 5 Love Languages

◆ This content is created based on Gary Chapman's *The Five Love Languages*.

5 Love Language Test ▸

Communication is an important aspect when it comes to dating. If you are going on a date, you should learn and make an effort to communicate in the love language of your partner, not just your own. Loving someone means considering the other person, and showing consideration is what makes them feel they are loved by you. If you express love only in your own way, using your own love language, the other person may not feel loved. Not understanding the love language and expressing love can lead to obsession, making it more difficult for the other person. Gary Chapman divides the types of love into five categories in "The Five Love Languages": Words of Affirmation, Quality Time, Gifts, Acts of Service, and Physical Touch. If you know each other's love language and express love in each other's language, it can reduce conflicts in dating and, further, in married life. You can understand and respect the differences of the other person rather than living centered around yourself. God is love, and Jesus commands us to love God and our neighbors. He said that the world will recognize whether we are true Christians or not by seeing how we love each other.

- Let's explore the five types of love languages and share our own love language. Discuss with your groups what you usually enjoy and the behaviors you appreciate. Encourage each other to share.

What are the 5 love languages?

1. ____________ - give or receive compliments or words of encouragement
2. ________ - spend time together
3. ______________- give or receive any gift
4. ______________ - serve or be served
5. ______________ - shake hands, hug

Examples of the 5 Love Languages:

1. Quality Time

- Taking a break from routine tasks to spend time with that person.
- Trying activities together, like baking bread.
- Turning off the TV and engaging in board games or meaningful conversations.
- Going on a family trip together.

2. Gifts

- Focusing more on the thought behind the gift rather than how expensive the gift is.
- Rather than giving lots of gifts, choosing heartfelt and

meaningful gifts.

3. Acts of Service

- Cooking a meal.
- Creating a handmade birthday gift.
- Giving a massage, showing dedication through actions.

4. Physical Touch

- Hugging, shaking hands, giving a high-five, holding hands, and praying together.
- Emphasizing that while physical touch is a love language, crossing boundaries is not an expression of love but a violation of boundaries.

5. Words of Affirmation

- Expressing love with words such as "I love you," "Thank you," "I like you," "Well done," and "You're the best."
- Avoid interrupting during conversations.
- Writing notes of gratitude on Post-its.

note) Love languages are not only for boyfriends and girlfriends. You can learn the love languages of your family members. Sometimes, your parents show you love in their own love language, but you may not realize it if yours is different from theirs.

note) Just because physical touch is a love language, it doesn't mean you should cross boundaries. It is not an expression of love; rather, it is behavior that crosses boundaries.

Applying the Love Languages

1. What is my love language? Write down two.

2. What do you think are the top two love languages of your mother?

3. What do you think are the top two love languages of your father?

4. Discuss how you would express your love to your parents

according to their love languages.

5. Discuss a time when you felt unloved by your parents because they were using their own love languages.

Lecture Cultivating Virtue: The Path to Godliness for

1. Training to Become A Godly Man

① Training for ______________

Bible Reference

It is God's will that you should be ________: that you should avoid ________________; that each of you should learn to control your own body in a way that is holy and honorable, not in passionate lust like the pagans, who do not know God; and that in this matter no one should wrong or take advantage of a brother or sister. The Lord will punish all those who commit such sins, as we told you and warned you before. For God did not call us to be impure, but to live a holy life. (1 Thessalonians 4:3-7)

Training

You are called to be sons of God; therefore, should not live in

_______ ways. Live a life that has a purpose by training for

___________ , which makes us powerful.

◆◆ When we face temptations, we need to practice fleeing from the scene. We are destined to fall into temptations if we explore with curiosity. Therefore, holiness needs to be trained. Reading 1 Thessalonians 4:3-7 tells us that God has called us to be holy. When dating, it is important to examine whether the person is someone who can resist the temptation of sin and who lives a holy lifestyle. You cannot practice a holy lifestyle in seclusion away from the world. Living in the world and demonstrating its influence is what truly defines a holy lifestyle. The ability to live a holy lifestyle is refusing to compromise with the sins of the world, that is genuine holiness.

My resolution

____

____

② Training of the ______________

Bible Reference

Above all else, guard your __________ , for everything you do flows from it. (Proverbs 4:23)

Do not conform to the pattern of this world, but be transformed by the renewing of your ________. Then you will be able to test and approve what God's will is—his good, pleasing and perfect will. (Romans 12:2)

Training

What we ________________ influences our ______, language,

behavior, and character. Satan understands that to control our hearts, he needs to control what we see and hear.

◆◆ We need to train to constantly examine our minds. It is not possible to understand God's will and live accordingly if our minds are filled with video games and webtoons. Satan wants our eyes and ears to be the passageways from the media to our minds so we become filled with the values of the world to be self-centered and violent. To drive out evil and impure thoughts, we need to fill the minds with good and righteous thoughts. We need to act on things that are good, pleasing, and perfect according to God's will.

My resolution

____

____

____

③ Training Ourselves with the _______________

Bible Reference

How can a young person stay on the path of ______? By living according to __________. I seek you with all my heart; do not let me stray from ___________. I have hidden your word in my heart that I might not sin against you." (Psalm 119:9-11)

_____________ is a lamp for my feet, a light on my path. (Psalm 119:105)

Training

The best way to live according to God's will is to engrave ________ in our hearts. With our sinful thoughts and knowledge, we cannot understand God's will. Therefore, when His word becomes a lamp for our feet, guiding us step by step, we gain the ability to __________ temptation and resist sin.

◆◆ The best way to distance yourself from sin is through meditation and memorizing the Word of God. As mentioned in Psalm 119:9-11, to keep the heart and actions pure, especially when you are young and temptations are abundant, it is crucial to engrave the Word and guard your heart.

My resolution

____

____

____

④ Training to have ____________

Bible Reference

Search me, O God, and know my heart! Try me and know my __________! (Psalm 139:23)

The Lord detests lying lips, but he delights in people who are ___________. (Proverbs 12:22)

Training

In order to confess before God, you must be ______. As a faithful Christian, you must be trustworthy to God and others. To do so, you must train yourself to tell the truth.

◆◆ Can you trust someone who constantly lies? Let's say you have a boyfriend who exaggerates and overestimates himself.

When he is faced with challenges, if he lies and avoids issues without a sincere apology, this will cause a lot of problems. Honesty comes through training. A godly man must have training in honesty.

My resolution

⑤ Training of ______

Bible Reference

Or take ships as an example. Although they are so large and are driven by strong winds, they are steered by a very small rudder wherever the pilot wants to go. Likewise, ______ is a small part of the body, but it makes great boasts. Consider what a great forest is set on fire by a small spark. ______ also is a fire, a world of ______ among the parts of the body. It corrupts the whole body, sets the whole course of one's life on fire, and is itself set on fire by hell. (James 3:4-6)

Out of the same ______ come praise and cursing. My brothers and sisters, this should not be. (James 3:10)

Let no __________ come out of your mouths, but only such as is good for building up, as fits the occasion, that it may give grace to those who hear. (Ephesians 4:29)

Training

A man of God should be able to control ___________ and use language that will please God. Through your everyday language, you can show your faith.

◆◆ Letting out harsh words without any guilt may indicate their hearts and minds are filled with impure thoughts and anger. You can tell what may reside in people's minds by observing what is coming out of their mouths. If someone constantly complains, curses, speaks of hatred and jealousy, he may be possessed by sinful and evil nature. We need to lift up and bless one another through our tongue and glorify God with gratitude in all circumstances.

My resolution

____

____

____

2. Training to Become A Godly Woman

① Training to Seek _______________

Bible Reference

But seek first the __________ of God and his __________ , and all these things will be added to you. (Matthew 6:33-34)

Training

Even if you meet Prince Charming, it is impossible for him to satisfy your desires completely. Only God can fulfill the desires in your heart. ________ should always come ________!

◆◆ If you only focus on finding a boyfriend, then you are not a godly woman whom God can use. When we find joy in our relationship with God, we ponder upon how to please Him. A genuinely happy person is satisfied through God alone, seeks to have an intimate relationship with Him, and walks alongside Him. Therefore, a godly woman seeks God first and establishes a meaningful relationship with Him.

My resolution

____

____

____

② Training to Speak ______________

Bible Reference

The heart of the ________ makes his speech __________ and adds persuasiveness to his lips. (Proverbs 16:23)

Words from the mouth of the ______ are ______ , but fools are consumed by their own lips. (Ecclesiastes 10:12)

Training

When you are either dating or married, ________ is the most important key. A couple that communicates well experiences happiness together. ______________ are essential for effective communication.

◆◆ Speaking without wisdom can turn your words into unnecessary remarks and even lead you to difficult situations. But words with wisdom encourage everyone's well-being. Nowadays when Satan is attacking us like a roaring lion, aiming to destroy families, we urgently need wise wives and mothers. When you have a wise mother, the children experience emotional stability and self-confidence, and become a happy couple through a wise wife. Since the source of wisdom is the Word of God, we should always seek wisdom from God.

My resolution

③ Training to Show ______________

Bible Reference

Charm is deceitful, and beauty is vain, but a woman who ________ the LORD is to be praised (Proverbs 31:30)

Likewise, also that women should adorn themselves in respectable apparel, with modesty and self-control, not with braided hair and gold or pearls or costly attire, but with what is proper for women who profess godliness - with __________. (1 Timothy 2:9-10)

Training

True beauty is not determined by physical appearance but by the ______ you have in ________________________.

◆◆ As mentioned in Proverbs and 1 Timothy, dressing up with beautiful clothes is not true beauty. Concentrating on how to dress up nicely, put makeup on, exercise to shape your body and to follow the latest trend is not genuine beauty. For such women, they are most proud and confident of their faces and bodies. They will be in vain as time passes.

This doesn't mean to ignore our physical appearance and personal grooming entirely. True beauty lies not in the external appearance but within us.

A woman with God's characteristics and faith always exudes confidence. She does not force herself to be noticed. If you have true beauty, you concentrate more on the inner beauty rather than the outward appearance. That's what a godly woman is.

My resolution

____

____

____

④ Training to Stay ____________

Bible Reference

__________yourselves before the Lord, and he will lift you up. (James 4:10)

For all those who exalt themselves will be humbled, and

those who __________ themselves will be exalted. (Luke 14:11)

Training

Be aware of those who are selfish. God uses the ones who are _______________.

◆◆If you are humble, God lifts you up, when He does, you become even more humble in turn. Therefore, God lifts up those who are humble. A man should definitely seek a humble woman. A man should be very cautious of self-centered and arrogant women. Women like these are often prone to arrogance due to their beauty, wealth, knowledge, and any other possessions they may have. They may seek to marry a successful husband, and if the husband's business or work face challenges, they will likely treat their husbands with disrespect.

A humble wife never gossips about her husband in front of their children. Knowing that there is no perfect father in this world, she should talk about positive aspects of their father with the children. She teaches children to appreciate and express gratitude to their father, who takes the family's financial responses and encourages children to learn their father's good characteristics. A husband with such a humble wife can only be happy.

My resolution

____

____

____

⑤ Training to ____________ the LORD

Bible Reference

For am I now seeking the approval of man, or of ________ ? Or am I trying to please man? If I were still trying to please man, I would not be a servant of Christ." (Galatians 1:10)

Training

A person who ____________________ with sincerity is truly a beautiful woman of faith.

◆◆ When serving at church, do you serve to be noticed by people or solely for God? The latter is a truly godly woman of faith. Therefore, when going on church retreats or mission trips, you can discern whether someone is serving to be noticed by people or to serve God alone. Set your mind on eternal things, serve the eternal King, and live to please Him only.

Are you always focused on pleasing people, or are you more conscious of God's perspective? People who prioritize pleasing people are those who consider their reputation as their priority. People who are more concerned with friends over God at church tend to have low self- esteem. They may be hesitant to show their true feelings and constantly watch their behavior, feeling that others might reject them. On the other hand, a woman who focuses on God is not afraid of people but fears God.

My resolution

LESSON THREE HOMEWORK

1. Read "Sex & the New You" for Jr. High students and "Every Young Man's /Woman's Battle" for High School students by next week's book discussion.

2. Remember to watch the movie *Facing the Giants* with your family. Write your response on the given review sheet and turn it in by NEXT WEEK.

Time To Read (Jr. High)

Book: "Sex & the New You"

Boys

"Sex & the New You" for boys (Concordia Publishing House)

Ch. 7 Becoming a Man

Ch. 8 About Boys and Men

Ch. 9 The Miracle of Birth

Ch. 10 Getting Along with Friends

Girls

"Sex & the New You" for girls (Concordia Publishing House)

Ch.7 Becoming a Woman

Ch. 8 About Girls and Women

Ch. 9 The Miracle of Birth

Ch. 10 Getting Along with Friends

As you read the book "Sex and the New you", write down any new insights or questions that arise.

Time To Read (High School)

Book: "Every young man's battle" by Stephen Arterburn(Boys)

"Every young woman's battle" by Shannon Ethridge & Stephen Arterburn(Girls)

Boys

"Every young man's battle" by Stephen Arterburn

Part V Setting Your Defenses

Girls

"Every young woman's battle" by Shannon Ethridge & Stephen Arterburn

Part V Guarding Your Heart

Part VI Guarding Your Body

As you read the book "Every young man's battle or Every young woman's battle", write down any new insights or questions that arise.

Plus activities

Family "Movie Time"

Name: __________ Date: ________________

Movie Title: *Facing the Giants*

- Please watch and discuss this movie with your parents and answer the following questions:

1. Who did you watch the movie with in your family?

2. What questions did you ask your parents after watching the movie?

3. What message did God give you through the movie?

4. What part of the movie can you apply to yourself today?

5. What was the most memorable scene from the movie?

Note) Watching movies is optional.

LESSON FOUR:
Dating with Divine Joy:
Finding Love that Delights God

At what age is it ideal to start dating? How far should you go in terms of dating? As adolescence passes, curiosity and attraction about the opposite sex naturally arise, and many questions come up. How do you know if your crush on someone is love? The world has deceived us into thinking that strong feelings that make your heart pound are real love, but the definition of love is found in the Bible. The Bible says that love is "patient, kind, does not envy, does not self-seeking." When you have the discernment to distinguish between love and liking, you are prepared for beautiful love.

MAIN TOPICS

1. Christian Dating.
2. Understanding Boundaries in Dating.
3. Biblical Perspective of Homosexuality.

MEMORY VERSE

"Don't let anyone look down on you because you are young, but set an example for the believers in speech, in conduct, in love, in faith and in purity." (1 Timothy 4:12)

Men and women were created differently so being attracted to each other is natural. However, the Bible does not provide guidelines on when it is appropriate to hold hands or when to kiss during a date. God emphasizes that who we become is more important than what we do. In this context, dating should be a process of becoming a better person. If you are becoming more mature, and your faith is growing stronger, then you are dating in the right way.

Dating is not just about getting to know each other casually but it is a process of observing the other person with marriage in mind. There is nothing better than having the same love and care while dating to continue after marriage, but in many cases, that is not the reality. Relying solely on the intense emotions of your partner can lead to the qualities you once admired into drawbacks in marriage. This often results in cases that eventually lead to divorce. Therefore, dating should be approached very carefully.

Intimate dating with the premise of marriage (dating within a romantic relationship) can begin when you become financially independent from your parents. This is because the purpose of dating in a romantic relationship is to prepare for a successful marriage. Are you able to support yourself without financial assistance from your parents? Can you take responsibility for your actions? Are you prepared to take care of and raise a child when married? Both emotional and financial readiness are necessary before getting involved in romantic dating with the intention of marriage.

Before making such preparations, casual dating (group dates) is sufficient. Spending time with many friends in a group gives enough opportunity to get to know the person. Casual dating involves mutual interest and liking, but it prioritizes building friendships as close friends. Instead of having exclusive one-on-one time, it involves meeting in groups to understand each other without having physical contact.

Some argue against dating in romantic relationships and suggest meeting only one person before marriage. They claim that dating has no benefits and can hurt each other emotionally. However, this perspective seems extreme. How can you meet only one person and get married? This scenario is feasible for only a small percentage of people.

Recognizing your lifetime partner at first sight can be challenging. If dating can positively influence each other, it can be a mutually beneficial experience rather than one that inflicts emotional wounds. Healthy dating involves mutual consideration, respect for each other's boundaries, learning from one another, and drawing closer to God.

Casual dating provides a great opportunity to learn about each other. When sharing friendships with many people, church can be a great place to search for the kind of person that may suit you. Some friends may be decisive, some may be spiritual, and others may be considerate, each having their own appealing personality. By going to the movies and attending retreats with these friends, you can discover your preferences.

You can discover more about your preferences, gradually narrowing down your choices.In that sense, cultivating relationships in a friendship is desirable. It is important to observe many people and develop the ability to discern character before dating. Once you are married, it is not easily reversible.

Therefore, it is crucial to understand your preferences before marriage and know the characteristics you tend to get attracted to. Then you can start praying early to meet someone with such characteristics.

When you are casually dating, it allows you to discover your own shortcomings. For example, if there is a disagreement and you tend to stop talking and completely cut off communication with the other person for days, or if the other person has such a tendency, it becomes an opportunity to learn how to address and resolve such issues.

Experiencing more friendships without physical contact provides many opportunities for prayer and leads to desirable outcomes when both individuals are ready to start dating. In romantic relationships and dating, it is important to learn self-control as to not cross boundaries and exercise self-restraint, even though you have affection. It is advisable not to meet someone from the beginning if they demand a level of physical intimacy that you are uncomfortable with just because they like you. They are likely to turn into risky dates. A healthy relationship involves respecting the boundaries mutually agreed upon and making efforts to keep them, leading to a mutually beneficial relationship.

✚ Christian Dating Checklist

☐ Seek the kingdom of God first. "But seek first his kingdom and his righteousness, and all these things will be given to you." (Matthew 6:33)

☐ Date a Christian. "Do not be yoked together with unbelievers. For what do righteousness and wickedness have in common? Or what fellowship can light have with darkness?"(2 Corinthians 6:14)

☐ Guard your heart. "Above all else, guard your heart, for everything you do flows from it."(Proverbs 4:23)

☐ Check your heart to see if you're dating on impulse.

☐ Seek advice from your parents because they may see things that you may not.

☐ Examine whether the people around you bless and support the relationship or express concerns.

☐ Try to enjoy double dating. This will give you opportunities to see how the person treats others.

☐ Talk to your date about the boundaries that must be observed during dates. "It is God's will that you should be sanctified: that you should avoid sexual immorality; that each of you should learn to control your own body in a way that is holy and honorable, not in a passionate lust like the pagans, who do not know God." (1 Thessalonians 4:3-5)

☐ Do God's work together. Then you can know the other person better.

☐ When you respect each other, it is real love. Practice respecting each other. If you cannot respect each other while dating, it is impossible to do so in marriage.

☐ When dating, pray together that you wear the armor of God. (Ephesians 6:10-20).

☐ When you are dating someone, you must always check that you are getting close to God and not getting farther away from Him.

Note) How can I tell if I am genuinely in love or if it's a temporary feeling? Similarly, how can I know if the other person genuinely loves me or if it's a fleeting emotion? It is normal to have feelings for someone you meet and like, however, before having a set boyfriend/girlfriend, it is essential to be careful. Before going on a date, it is advisable to think ahead about what kind of date it will be and how to please God through that date. Planning ahead can help avoid difficult situations later on. When dating, you must look at the list of guidelines and determine if it is true love."Boundary" Activity

Rose Activity

1. Is it possible to encourage a rosebud to bloom by hand without causing any lasting damage, or does it need to bloom on its own?

2. Similarly, can a young woman accelerate her own development into full maturity?

3. What is the common factor that allows for the natural maturation of both a rosebud and a young girl into adulthood?

4. What insights did you gain from the Rose Activity? Discuss with your group.

Group Discussion "Make Plans for A Future Date"

1. If you go on a date, at what age would you like to start dating in a romantic relationship?

2. How many people do you think you might date before getting

married?

3. When you date, what are the chances in percentage that your date will break up with you without getting married?

4. If you start dating, how would you set boundaries? (Be specific, such as when to hold hands, when to hug, etc.)

5. If you were in a romantic relationship but ended up breaking up, how should you maintain boundaries to be able to greet each other when you meet again in the future?

Think & Share "True Love"

1. What does the Bible say about true love?

   Read 1 Corinthians 13:4-7

2. When should I say "I love you" to my boyfriend/girlfriend?

3. When do we know if we are ready to love somebody?

4. Why do we need boundaries when we date?

5. What do you think is the physical limit in dating?

Lecture "Homosexuality"

1.Is homosexuality genetic?

2. Even though homosexuality is not genetic, why do many people still think it is?

3. Is there scientific evidence that homosexuality is not genetic?

4. Why is homosexuality increasing?

5. What does the Bible say about homosexuality?

Genesis 19:1-13

Leviticus 18:22

Romans 1:26-27

1 Corinthians 6:9-11

1 Timothy 1:9-10

6. As a Christian, how should we approach homosexuals?

Note)
search for"Homosexuality Overcoming Case Christopher One" and "Homosexuality Overcoming Case-Melissa Freer" (provided by Gunsayeon TV) on YouTube and watch it together (see QR).

Christopher ▸

Melissa ▸

7. Will being recognized as a sexual minority make you happy? Will gender transition hormones or gender reassignment surgery make life happier?

Prayer List for Your Future Spouse

Praying for the person you will marry one day is a special thing to do, even when you're young. Just like a garden needs to be taken care of every day to help the flowers grow, our hearts need to be taken care of too, so we can be the best we can be for someone else in the future. God is already helping the person you will marry one day to grow up just right for you. Now, let's try writing a little prayer asking God to help both you and your future husband or wife to be ready for a happy life together.

1

2

3

4

5

6

7

8

9

10

LESSON FOUR HOMEWORK

1. Remember to watch the movie *God's Not Dead 1* (2014) with your family. Write your response on the given review sheet.

Time To Read (Jr. High)

Book: "Sex & the New You"

Boys

"Sex & the New You" for boys (Concordia Publishing House)

Ch. 11 What about Dating and Hooking up?

Ch. 12 Getting Along with Family

Ch. 13 The New You

Girls

"Sex & the New You" for girls (Concordia Publishing House)

Ch. 11 What about Dating and Hooking up?

Ch. 12 Getting Along with Family

Ch. 13 The New You

As you read the book "Sex and the New you", write down any new insights or questions that arise.

Time To Read (High School)

Book: "Every young man's battle" by Stephen Arterburn(Boys)

"Every young woman's battle" by Shannon Ethridge &

Stephen Arterburn (Girls)

Boys

"Every young man's battle" by Stephen Arterburn

Part VI Sexual Honor

Girls

"Every young woman's battle" by Shannon Ethridge & Stephen Arterburn

Part V Looking for Love in the Right Places

As you read the book "Every young man's battle or Every young woman's battle", write down any new insights or questions that arise.

Plus activities

Family "Movie Time"

Name: _________ Date: _______________

Movie Title: *God's Not Dead 1 (2014)*

- Please watch and discuss this movie with your parents and answer the following questions:

1. Who did you watch the movie with in your family?

2. What questions did you ask your parents after watching the movie?

3. What message did God give you through the movie?

4. What part of the movie can you apply to yourself today?

5. What was the most memorable scene from the movie?

Note) Watching movies is optional.

LESSON FIVE:
The Blessing of Purity: God's Design for Holiness

Marriage is a God-given institution, not a government-made one. It is in the marriage relationship that we cannot hide our sinfulness. God designed marriage so that husband and wife can learn to embrace each other's weaknesses and love each other in spite of them. Ultimately, it is through marriage that we experience God's blessings as we become more like Jesus. God wants us to be happy in marriage, and purity is an important key to a happy marriage. Let's learn how we can prepare ourselves for physical, mental, and spiritual purity.

MAIN TOPICS

1. Biblical Understanding of Purity.
2. God paid the highest price through the death of His Son for me.
3. My body is a temple of the Holy Spirit.
4. Understanding purity as created by God.
5. Distorted understanding of purity imposed by the world.

MEMORY VERSE

"Do you not know that your bodies are temples of the Holy Spirit, who is in you, whom you have received from God? You are not your own; you were bought at a price. Therefore honor God with your bodies." (1 Corinthians 6:19-20)

Lecture "The Blessing of Purity: God's Design for Holiness"

1. What is purity?

2. What does God say about sex?

3. How does the world talk to someone who wants to keep purity?

4. Since we know that we are purchased with the blood of Jesus, how should we treat our bodies?

5. Why do we need to maintain our purity?

6. Do you think it is easy or hard to maintain our purity?

Bible Study "STDs"

Sexually transmitted Diseases are a serious topic that is important to be aware of. The term STD (Sexually Transmitted Disease) is commonly used, but in recent trends, in the United States, the term STI (Sexually Transmitted Infection) is preferred. The shift from "disease" to "infection" is made to avoid the connotations associated with an incurable or severe illness, as infections imply that with medication, you can recover. This choice is especially relevant in sex education materials for children. It is crucial to understand that not all STIs can be easily cured with a single round of medication. For instance, the most common STI, Human Papillomavirus (HPV), is incurable, and Human Immunodeficiency Virus (HIV) is also not curable. The variety of STIs is extensive, and it is essential to recognize that some STIs cannot be completely treated.

◆ What kinds of sexually transmitted infections (STDs) are there? What are the symptoms?

- HPV (Human Papillomavirus): It is the most commonly transmitted sexually transmitted infection. It can be easily transmitted through various routes, not just through sexual contact.
- HPV-Related Risks: HPV is associated with various cancers, with a high likelihood of causing cervical cancer (70% chance) and 95% of anal cancers are linked to HPV type 16.
- Symptoms: Many cases of HPV infections are asymptomatic, making it difficult for individuals to know if they are infected. There can be a latency period of 10-12 years.
- Approximately 80% of sexually promiscuous individuals will contract HPV at some point.
- CDC estimates that youth ages 15-24 account for almost half of the 26 million new sexually transmitted infections that occurred in the United States in 2018.
- In 2022, more than 2.5 million cases of syphilis, gonorrhea, and chlamydia were reported in the United States. (CDC 2022)
- Adolescents and young adults aged 15-24 accounted for half (49.8%) of reported cases of chlamydia, gonorrhea, and syphilis, the CDC found. Gay and bisexual men were also

more likely to have reported STDs. (USA Today 2022)

Think Deeper "Fire & Sex"

Fire offers many benefits in our lives, but it can be extremely dangerous and even lethal if misused. Similarly, sex, a gift from God, is intended to be a blessing, but promiscuous sexual behavior outside of marriage can lead to irreversible harm physically, emotionally, and spiritually. Please write your answers in the table below and engage in a group discussion.

	Fire	Sex
Positive/ Benefits		
Negative/ Dangers		

Think Deeper "Myths about sex"

(Appropriate for high school)

Satan has succeeded in deceiving us through mass media with false messages such as ugliness or being overweight is a sin, love should be a relationship where everything is given, love is an exciting emotion, etc. Satan, being the father of lies from the beginning, has exceptional talent in lying. Satan is employing all his means to destroy the families created by God.

Satan knows that corrupting people sexually is the most effective way to destroy the families of future generations who will become husbands and wives. Therefore, with many false pieces of information about the gift of sexuality that God has given, our discernment is being blurred. Satan tempts us with his sweet lies that it is ok to enjoy having sexual relationships without marriage. Let's explore three misconceptions about sexuality.

◆ Read the three sentences below and write down why they contain misinformation. Then, share and discuss your thoughts with your group.

1. Sex is good because God created it. Therefore, enjoying sexual activity is good.

2.If you love each other, having sex is natural.

3. It is wise to live together before deciding to get married.

Sharing and Prayer

We have learned about God who created man and woman, the marvelous God who created me, the God who trains us to be men of faith and wise women, and about dating that pleases God and values my body.

Let's take some time to share what we've learned through the PURITY course and commit to how we will live our lives from now on.

1. How has your perception about marriage changed?

2. How has your perception about having children through marriage changed?

3. How has your perception about abortion changed?

4. How will you strive to become a man of faith and a wise woman going forward?

5. How will you make efforts to engage in dating that pleases God?

6. What boundaries will you establish for dating?

7. How will you strive to maintain purity?

8. What kind of faith-based family do you want to build in the future?

9. How do you want to raise your children in the future?

10. When someday we stand before God after taking our last breath, what kind of praise do you want to receive?

The Purity program is not meant to condemn those who have lived according to their own desires. Rather, it is a tool for restoration. Before God, we are all sinners. Satan seeks to make us feel guilty through condemnation, preventing us from drawing near to God. But God is a God of grace and forgiveness. When we repent, He blesses us with restoration.

Through this Purity program, we should understand that no sin is too great to be forgiven. Therefore, we hope that you will start anew through this program.

PURITY is a process that helps prepare us to become holy and pure, by understanding the heart of God, who seeks those who are pure in this evil and rebellious age. PURITY trains us to become game-changers who will transform the world. God desires for us to maintain the purity of our soul, mind, and body, and to become powerful warriors who fulfill the purpose He has sent us to accomplish as His children. Our hope is to become holy children of God—the ones Satan fears the most—and to have a holy influence on this world!

LESSON FIVE HOMEWORK

Remember to watch the movie *War Room* with your family. Write your response on the given review sheet.

Plus activities

Family "Movie Time"

Name: ________ Date: ____________

Movie Title: *War Room*

- **Please watch and discuss this movie with your parents and answer the following questions:**

1. Who did you watch the movie with in your family?

2. What questions did you ask your parents after watching the movie?

3. What message did God give you through the movie?

4. What part of the movie can you apply to yourself today?

5. What was the most memorable scene from the movie?

Note) Watching movies is optional.

LESSON SIX:
Purity Ceremony

The purity ceremony is a time to pledge to God, based on what has been learned, to uphold spiritual purity as the bride of Jesus. It is also a commitment before God, parents, and friends to maintain both mental and physical purity for the sake of future spouses. For parents, it is a time to acknowledge that their children are God's children before being their own, vowing to raise them according to the purpose for which God has given them. It is a commitment to be a spiritual role model as parents, consistently meditating on and obeying God's word, teaching what it means to live a life that pleases God without compromising with the world and training them to discern what aligns with God's will.

Above all, it is a time of confession, acknowledging that all these things can only be done with the wisdom and faith. Students participating in the covenant ceremony are pledging to seek wisdom and advice from family and friends to lead a pure life. Recognizing their own weaknesses as sinners, they commit to always be armed with the full armor of God, seeking His help to resist temptations. It is a time to express gratitude to God for providing the best and perfect gift as seen in the purity ring on their hands, and to make a commitment to maintain spiritual, mental, and physical purity. It is a pledge to live a life of influence as children of God, impacting the world through a pure life.

Let's write 10 promises to yourself from what you have learned through Purity program in 5 weeks. It is important to keep the promise not only with yourself but also with God. Stand firm and conquer this battle and remind yourself these promises when you are faced with worldly temptations.

1

2

3

4

5

6

7

8

9

10

Purity Ceremony

Student Vow

On this day, __________ (date) of ______ (year),
I make this promise before God, family, friends,
and spiritual leaders to live a life of purity as God intended.
I know that I am created in His image for His will.
I will do my best to obey God by maintaining my purity.
I ask for prayer and guidance from my family and friends.
so that I may uphold this important promise I make tonight.
This ring is a symbol of my commitment
to wait for the best that God has for me.
I will wear this ring with faith and hope to live a life that
honors God.
May He give me the strength to live a life of purity and
bring honor and glory to Him.

Date: ________________

Signature: ________________

SPECIAL

Q & A

Marriage • Purity • Divorce

---

1. In the Bible, many faithful figures had multiple wives. King Solomon had 700 wives and 300 concubines, King David had numerous wives and concubines, and patriarchs like Abraham and Jacob also had multiple spouses. Was polygamy not considered a sin? Why is marriage now seen as a union between one man and one woman?

It's important to distinguish between biblical descriptions of historical behaviors and divine endorsements. While it's true that several biblical figures practiced polygamy, this doesn't necessarily imply God's approval. The creation narrative in Genesis clearly defines marriage as a union between one man and one woman, as stated in Genesis 2:24: "Therefore a man shall leave his father and his mother and hold fast to his wife, and they shall become one flesh." Human nature often strays from divine commandments, leading to actions like polygamy that reflect our sinful tendencies

Throughout scripture, there are consequences for deviating from God's design. Abraham's turmoil with Hagar and David's punishment following his affair with Bathsheba are testimonies to the complications arising from such choices. Deuteronomy 17:17 explicitly cautions against multiplying wives, warning that doing so can lead one's heart astray. Solomon's story is particularly telling; his many wives drew him into idolatry, indicating the inherent risks of polygamy.

Jesus reaffirms the original matrimonial design in His teachings, underscoring the concept of two becoming one flesh. This consistent message from Genesis to the Gospels suggests not a change in God's standards, but rather a reaffirmation of them. Modern definitions of marriage as a monogamous union reflect a return to these foundational principles, aligning with the intent expressed at the dawn of creation.

2. Considering that in the past, people often married as early as 14, but now it's common to marry in the late 20s or 30s, is it not unreasonable to expect one to maintain purity from puberty until marriage? It seems easier to remain pure when early marriage was the norm, but times have changed. What are your thoughts?

Historically, the line between adolescence and adulthood was indistinct. A couple of centuries ago, teenagers were expected to take on adult responsibilities, often out of necessity. This meant that by age 14, they were already functioning as adults in their society. Today's teenagers, in contrast, experience a prolonged adolescence with extended support from their parents. Despite these changes, the expectations for personal conduct have not been adjusted to accommodate cultural shifts.

Even in previous centuries, if a 28-year-old exhibited immaturity or irresponsibility, it wasn't suggested that he partake in a promiscuous lifestyle simply because waiting for marriage was challenging. The call to purity is timeless and transcends culture or societal norms; it is rooted in biblical teachings. The Bible's guidance to maintain purity in body, mind, and spirit until marriage hasn't wavered due to changes in the average age of marriage.

The directive to live a pure life is not for God's benefit but for our own. It's believed that adhering to this principle equips individuals to receive the full blessings of marriage. God's intention is to provide the best for us through the sanctity of marriage, and this standard remains irrespective of the era we live in. The expectation of purity, therefore, is not so much a demand as it is a guidance intended for our ultimate good, even if societal norms around marriage have evolved.

---

3. As a high school sophomore, I've witnessed my parents' divorce and now fear the possibility of a failed marriage in my own future. How can I be sure I'm choosing the right partner, one that God has intended for me, as I look forward to building a lasting and happy marriage?

Experiencing your parents' separation can be deeply impactful, and it's understandable to have concerns about your own future relationships. It's inspiring to hear that you've found comfort and direction in your faith. Remember, God's presence in your life is a constant source of guidance and strength, regardless of life's challenges.

Marriage is indeed a sacred, lifelong commitment, and it's natural to seek assurance that you're making the right choice. While the Bible offers wisdom on love and partnership, it's also important to cultivate a personal understanding of what a healthy relationship looks like. It's less about finding a partner who scores a perfect '100' and more about finding someone with whom you can grow in faith and love, someone who shares your values and life goals.

As you enter college and meet new people, focus on building genuine connections. Engage in open communication, observe how potential partners align with your core beliefs, and consider how they handle commitment and adversity. Pray for discernment and be open to God's leading in your relationships.

Remember, the foundation of a joyful and resilient marriage is not just about compatibility but also about dedication, mutual respect, and the willingness to support each other through life's journey. By keeping your relationship centered on these principles and on God's love, you can look forward to a fulfilling partnership that stands the test of time.

4. I've been raised in a Christian family since birth. I'm now a senior in high school. My question is how do I know if I have the gift of celibacy? A sister in the college ministry at church says she won't marry because she has the gift of celibacy. She especially doesn't understand why people want to get married, considering there's so much to do when living with a man and the body goes through so much change after having a baby. I was quite persuaded by what she said. If I don't get married, I can enjoy single life, serve more at church, and go on missions whenever I want. Could this mean I have the gift of celibacy? And I don't seem to like men that much, nor do I have any romantic notions about marriage. Could it be that I have the gift of celibacy?

When we discuss the gift of celibacy, we often refer to the Apostle Paul's teachings found in 1 Corinthians 7:7-9, 32-35, and to Jesus' words in Matthew 19:10-12. First, you must examine the motives behind thinking you have this gift. The college sister you mentioned seems to base her reasons for not marrying on personal convenience and aversion to childbirth, which can misrepresent the Christian understanding of celibacy as a spiritual gift. True celibacy, as understood in Christianity, is not about avoiding the inconveniences of marriage or childbearing. Instead, it is a joyful and voluntary commitment to dedicate one's life entirely to God and the Gospel. In Matthew 19:10, the disciples say, "If such is the case of a man with his wife, it is better not to marry." Jesus acknowledged this path by saying, 'The one who can accept this should accept it' (Matthew 19:12), indicating that celibacy is a calling embraced naturally, not forced upon oneself for convenience.

The teachings in 1 Corinthians 7 highlight that while marriage is good, remaining single may allow for undivided attention to serving God. However, marriage is also celebrated as it fosters a loving partnership, serves God together, and helps to avoid sexual sin. Therefore, both a fulfilling sexual life within marriage and a life dedicated to God in celibacy are choices that please God. I recall meeting a female missionary in her late 50s who, having felt called by God since her 20s, ministered in challenging regions like Israel, India, and Turkey. Her freedom to serve without familial concerns suggested to me that she indeed possessed the gift of celibacy. The gift of celibacy is precisely that—a unique endowment, not an achievement earned through effort.

---

5. As an eighth-grade girl, my mom's constant nagging about my clothes feels suffocating. She objects to short pants or showing my belly button. I want to dress in a way that I like. Shouldn't my character matter more than my clothes? If boys have impure thoughts because of what I wear, isn't that their issue? I don't want to dress out of fashion just because I'm a Christian, while my friends can follow the latest trends.

The pressure to prioritize outward appearance over inner values is pervasive in our culture, which often suggests that attractiveness is synonymous with worth and acceptance. This message can be particularly challenging during adolescence, as fitting in seems crucial. It's understandable to want to express yourself through fashion and to feel frustrated when you feel restricted, especially when it seems to conflict with your faith.

Firstly, it's important to recognize that your worth is inherent, given by God, and not dependent on conforming to society's standards of beauty. Diversity in appearance is part of the richness of God's creation, and each person is valued for their uniqueness, including you.

Secondly, as a Christian, your choice of attire can indeed influence perceptions and set an example. Desiring to look good and be fashionable isn't wrong, but it's worth considering how your clothing choices reflect your values. Before choosing what to wear, reflect on the message your clothes send and how they align with the virtues of respect and dignity.

Thirdly, modesty isn't just about clothing; it's about presenting yourself with dignity and respect. Your attire can communicate many things about you to others. Modesty in dress is one way to show respect for yourself and others, preventing your appearance from overshadowing your character.

Fourthly, while we can't control others' thoughts, we can be mindful not to intentionally provoke impure thoughts through our dress. This isn't about bearing the blame for others' actions but about fostering a respectful environment for everyone. Biblical passages such as Romans 13:13–14 and Colossians 3:12–14 encourage us to live with decency and to clothe ourselves in virtues like compassion and love, transcending physical attire.

Lastly, true confidence comes from a character aligned with God's nature, not from outward appearances. Striving for inner beauty and a mature faith can create a sense of self-worth that doesn't rely on external validation. Your beauty is not just in how you look but in the depth of your character and the love you express.

In speaking with your mother, try to convey your understanding of her concerns and express your desire to find a balance between fashion and modesty. A calm, thoughtful conversation may help you both understand each other's perspectives and find common ground.

Contraception • Sex

6. Genesis 1:28 says, "Be fruitful and increase in number; fill the earth and subdue it." Does this mean that contraception is a sin for Christians?

The Bible does not speak explicitly about contraception. To answer the question, for married couples who do not wish to become pregnant, most methods of contraception are not considered sinful. God has given us the choice whether to have one child or ten. Unity in marriage encompasses not only procreation but also the spiritual and mental bond between partners. However, using contraception to facilitate premarital sexual relations, which are considered sinful, as a means for mere pleasure is not pleasing to God.

There are many different methods of contraception. There are those that are used before intercourse, but there are also emergency contraceptive pills taken after intercourse. Medications commonly known as "Ella" "Plan B" with ingredients like Ulipristal acetate and Levonorgestrel work primarily by preventing ovulation or delay the release of an egg from the ovary. They may also induce changes to the uterine lining that could inhibit the attachment of a fertilized egg. Mifepristone, also known as RU-486, is a medication that terminates early pregnancy by blocking the supply of nutrients to the fetus, effectively ending the pregnancy without surgery. This drug can be used up to 14 or 24 weeks of pregnancy, depending on regulations. It has potential side effects, including bleeding, incomplete abortion, and gastrointestinal symptoms. In rare cases, serious infections have been reported. It is also claimed that Mifepristone carries more risk than surgical abortion, though this should be discussed with a healthcare provider for context. According to reports, there have been fatalities associated with its use in the United States. Taking such a dangerous drug is harmful to your health and involves ending a life created in God's image. Moreover, there is no perfect method of contraception; pregnancy can still occur even with the use of birth control pills and devices. Therefore, it is a very dangerous notion to consider oneself safe from pregnancy and sexually transmitted diseases just because one uses contraception.

In conclusion, contraception before marriage is a sin because it is intended for pleasure. Contraception after marriage can also be sinful depending on the method used. Life begins at the moment of conception, and nothing additional is added to the fetus after that. From conception to birth, the fetus simply goes through stages of development. Though not fully developed, it is still human. Medically, the heart starts beating between 18 and 24 days after conception, and brain waves can be detected after 45 days. Fingerprints begin forming at 13 weeks and are complete by 17 weeks. Spiritually, Psalm 139:13-16 shows how much interest and love God has for life even from the womb. Therefore, any contraceptive method that impedes the process after fertilization is considered sinful, even within marriage.

---

7. I'm a junior in high school. I have been dating my boyfriend for 6 months. We met through a blind date,

and he's truly wonderful. He goes to church, and not only is he good-looking, but he also has a great personality and does well in school. That's probably why so many girls show interest in my boyfriend. We love each other deeply. In fact, I think I like him more. I'm happy when we're together. I feel like there's no one else in the world who can make me feel as comfortable, who listens to my worries, and understands me as well as my boyfriend does. We have promised to marry each other after graduating from college. But now I have a concern. Recently, my boyfriend asked to have sex, arguing that since we're going to get married and love each other, it should be fine. One part of me says it's wrong, but the other part worries that if I refuse, he may leave me, and that makes me anxious. What should I do?

While being in a high school relationship may not be ideal, since you are already involved, it's important to approach it thoughtfully. Statistically, the likelihood of marrying your high school sweetheart after college is not high, so it's wise to manage expectations about the future of your relationship. Therefore, It's prudent to proceed with your relationship in a way that safeguards your emotional, physical, and spiritual well-being.

If your boyfriend unequivocally insists on a physical relationship with the promise of future marriage as justification, it is imperative that you stand firm in your refusal. Consider the consequences if you lose your physical purity and end up breaking up. Remember, the greatest gift you can give to your future husband is your purity. Also, there's no perfect contraception, so there's always the possibility of pregnancy. Consider the serious implications, such as an unplanned pregnancy at your age, and the complex decisions that would follow. As a Christian, consider what abortion means.

Furthermore, If your boyfriend pressures you for sex, it may indicate that his interest is more in the physical aspect of the relationship than in who you are as a person, including your faith and values. It's selfish of him to demand that you compromise your standards of purity for his pleasure. True love respects and considers the other person's feelings and opinions.

Lastly, It's also important to consider that the most suitable time for dating is when you are self-sufficient-economically, emotionally, and physically-so that you can make mature and independent decisions.

8. I'm in the 9th grade. My parents have always been busy with work since I was little, and my uncle has lived with us throughout my childhood. My mom often mentions how my uncle used to play a lot with me and adored me when I was young. However, I have a significant concern that I've never shared with anyone. I can't recall my exact age, but from a young age, my uncle and I played 'doctor,' a game that, upon reflection, I now realize was sexual harassment. He frequently touched my body and instructed me not to tell my parents. In the 5th grade, he sexually assaulted me. I feel terrified, angry, and disgusted with myself. What should I do? At the time, I didn't understand that I had lost my purity. Now, I'm worried that disclosing this to my parents might damage their relationship with my uncle. Yet, the more I dwell on it, the angrier and more depressed I become. What should I do?

Firstly, I want to affirm that what you have experienced is deeply wrong and in no way your fault. It's important to recognize that you are not 'disgusted with yourself' but rightfully disturbed by the actions of someone who should have protected you. It truly pains my heart to think about how much you must have suffered alone at such a young age.

I want to talk to you about purity. Purity is not a status that can be taken from you against your will. The wrongful actions of another person do not diminish your value or purity in any spiritual or moral sense. Since you were sexually harassed and assaulted, it was not by your own will, so you have not lost your purity. Purity should be considered not just physically but also mentally and spiritually. It is troubling to hear how many students experienced harassment under the guise of playing 'doctor.' This is precisely why such a game should never occur without parental oversight, and even then, with appropriate boundaries firmly in place. In fact, during my seminars for parents, I strongly advise against allowing children to play 'doctor' in any form.

Turning back to your situation, it's evident you're a considerate and reflective student, understandably worried about the impact this revelation might have on your family. However, the most prudent course of action is to speak the truth to your parents about what your uncle did. It's imperative to be forthright, neither exaggerating nor downplaying the events. The first reason is to safeguard potential future victims from your uncle; someone who has preyed upon you may well do so to others. The second reason is that your uncle must be held accountable for his transgressions. You are certainly owed an apology, but beyond that, you deserve to see justice served.

Moreover, I encourage you to seek solace in God's love, which can foster within you the capacity to forgive your uncle. Harbouring hatred and resentment can be detrimental to your well-being. Embraced by divine love, you have the potential to emerge anew, transforming even the deepest wounds into a source of strength and empathy for others bearing similar scars. I am confident that you will grow into an exemplary child of God, one who can channel these experiences into a powerful testimony of faith and healing.

Masturbation • Obscenities

9. Does the Bible say that masturbation is a sin? Does it lead to hell? Every time I go to church, these thoughts trouble me greatly. When I take a shower and lie in bed, thoughts of masturbation come, and it's hard for me to abstain. Despite my efforts, I keep failing. I feel pathetic, but on the other hand, I wonder if God, who created humans, understands the sexual desires of men driven

by the hormones that surge during puberty. Since I am a middle school student and cannot get married, shouldn't there be an alternative? I think that might be masturbation. Am I wrong to think this?

Masturbation involves stimulating oneself for sexual pleasure. Many people rationalize that masturbation is harmless since it does not involve another person. In fact, the Bible does not explicitly say that masturbation is a sin. However, according to Christian teaching, masturbation diverts from the divine purpose of sex. God intended sex to be a gift that fosters intimacy and unity within marriage. In contrast, masturbation is seen as a pursuit of self-centered sexual gratification, which, according to Christian beliefs, should be reserved for marriage. Moreover, the act can become habitual due to the release of powerful neurochemicals.

Therefore, continual masturbation can lead one away from God. If one develops a habit of masturbating during puberty, it may not be easily stopped upon marriage. The habits formed can lead to self-centered sexual behaviors within marriage, potentially causing conflict. Sex was given by God as one of the greatest gifts of marriage, but masturbation can lead to conflict between spouses.

While the Bible does not explicitly mention masturbation, it's challenging to separate the act from the lustful thoughts often associated with it. Jesus expanded the definition of adultery to include the lustful intention in one's heart (Matthew 5:28), which can be related to the fantasies that typically accompany masturbation.

Fundamentally, masturbation arises from our sinful nature. Just as it is nearly impossible for someone to never lie from birth until death due to our sinful nature, we cannot say that lying is not a sin just because everyone does it. However, someone who habitually lies can, upon receiving Jesus in their heart, become uncomfortable with lying and eventually become more truthful. The same applies to masturbation.

If you obey the Holy Spirit's guidance, you can control masturbation instead of it controlling you. To avoid masturbation, steer clear of sexual stimuli. Consider singing praises out loud during your shower time; it's a joyful way to start or end the day. Also, reading the Bible before going to bed can be a peaceful way to wind down and reflect. During adolescence, when hormones can be quite active, it's beneficial to engage in physical activities or sports outdoors. It is healthier than spending excessive time sitting in front of the computer.

Although masturbation is viewed as a sin within many Christian doctrines, it is important to remember that God does not want us to live in guilt and shame. The feeling of shame can hinder spiritual growth and well-being, as it is one of the adversary's most effective tools. While Christians are called to strive against sin, God offers forgiveness for all transgressions brought before Him in repentance. It is crucial to seek a balanced view, acknowledging the sin without succumbing to despair, which can create a barrier between the individual and God.

---

10. In high school, I've found friends after being lonely in middle school. But I'm concerned about something. Is it a sin to just listen when friends talk about lewd things? I don't join in, but if I step away because I'm a Christian, I might end up alone again. I don't want to lose my friends or feel that loneliness. What should I do given I fear being alone, but don't want to partake in these conversations?

High school friendships are incredibly significant, especially when you've experienced loneliness before. It's completely natural to value these newfound connections. During adolescence, the drive for peer acceptance is intense due to hormonal changes, which shift the focus from family bonds to those with friends. This longing for inclusion is powerful but remember that as you mature, the importance of these peer bonds will balance out with other priorities.

In the context of Christianity, engaging with or even passively listening to lewd talk is considered sinful. Paul the Apostle cautions against any form of impurity in Ephesians 5:3. By this measure, participating in or entertaining lewd topics is discouraged as it can lead to impure thoughts and, potentially, impure actions.

Your spiritual integrity is important, and it's commendable that you're seeking to uphold it. When faced with inappropriate conversations, you could quietly excuse yourself without making a show of it. If questioned, you have the opportunity to explain your discomfort. This approach can also provide an opening to influence your friends positively, perhaps encouraging them to speak about other things that don't conflict with your values.

Should the situation not improve, and your friends persist in such behavior, you might have to make a tough decision. It's a profound act of faith to prioritize your principles, and in doing so, you open the door to forming deeper, more respectful friendships. God values your commitment to purity and will support you in your efforts to find companions who share your values. Sometimes, standing by your beliefs can lead to short-term loneliness, but ultimately, it paves the way for more fulfilling and genuine relationships.

PURITY